내가 죽고 싶다고 하자
삶이 농담을 시작했다

내가 죽고 싶다고 하자
삶이 농담을 시작했다

김현진 지음

프시케의숲

번번이 나를 살려주신
다정한 독자 여러분들께

차례

프롤로그 9

1부

**우울과
불면 속에서**

그 누구의 잘못도 아닌 13

베로나의 약제사 21

달리기 29

무거운 여자의 삶 39

여성의 몸은 함부로 47

삶에 대한 실감 55

심어 61

세일즈와 연애 69

거절의 극기 훈련 77

회사로부터의 추억 85

당신의 깨끗한 피 103

안 마셔욧 113

어떤 남자의 이메일 125

2부

**왜 사냐건
그냥 웃지요**

3부

아버지와 나

장례식 풍경 137

작별의 맛 145

수상한 실장 147

서러운 날의 꿈 159

크리스마스와 산타 167

그날의 생일케이크 177

어떤 대화 187

울 아빠는 말야 189

그렇게 어른이 되어간다 193

부부의 세계 속으로 201

걱정 마, 우린 가족이야 213

니드 포 스피드 225

그 사람에게 잘해주세요 233

자기만의 방 241

4부

**나의 아름다운
사람들**

나가는 말 247

프롤로그

　우울증은 아주 일찍부터 나를 괴롭혔다. 심지어 몇 번이나 나를 죽이는 데 거의 성공할 뻔했다. 그놈은 나보다 훨씬 굳세고 강하고 근성도 있었다.

　너무 이른 나이에 금전 문제로 나를 이용하려 한 주위 사람들과 심각한 마찰을 경험했으며 성인이 되고 나서도 부모님에게 툭하면 얻어맞는 일이 잦았으므로 자존감이 높을 수도, 자기 자신을 사랑할 수도 없었다. 스스로의 모습을 받아들일 수조차 없었다. 내 육친조차 나를 사랑하지 않는다고 생각하게 되었을 때의 절망감은 까맣고 깊었다. 그리고 세상에는 그렇게 외로움에 시달리는 여자아이를 요모조모 이용할 의지가 충만한 아저씨들이 늘 상시 대기 중이었다.

오랫동안 자해를 하다가 마침내 어느 날, 이건 수면제 때문에 죽는 게 아니라 수면제를 삼키느라 마신 물 때문에 배 터져 죽겠다는 생각이 들 정도로 많은 약을 삼켰다. 점점 의식이 가물거렸다. 초조하게 왔다 갔다 하는 반려견의 모습이 언뜻 보였다. 지금은 못 놀아줘, 미안. 그럼, 음,

이젠 안녕.

…안녕?

1부

우울과
불면 속에서

그 누구의 잘못도 아닌

'좀 제대로 잘 죽을걸.'

수면제를 아주 많이 삼킨 그날, 나는 응급실에서 여러 번 후회를 했다. 나를 계속 깨워대는 반려견의 끈질긴 재촉으로 어찌어찌하다 응급실에 실려 갔던 터였다. 내 팔뚝보다 굵은 호스를 목으로 직접 밀어넣어 위를 세척할 때는 '젠장, 이렇게 괴롭게 다시 살아나야 하다니' 싶어 1차로 후회했다. 또 내가 삼킨 건 싸구려 약이라 위에 흡착하기 때문에 그걸 떼어낼 필요가 있다며 선명한 보랏빛의 바륨 용액을 1.5리터 넘게 마셔야 해서 2차로 후회했다. 이후로 좌우의 빈 베드마다 끔찍한 모습을 한 응급환자들이 연신 실려오는 바람에 식겁을 하여 3차 후회를 했다.

죽으려다 못 죽으면 못 죽은 대가를 치러야 했다. 구차하고도 구차한 삶이여.

병원에서는 의료처치를 한 다음 바로 신경정신과로 나를 보냈지만, 당시 '정신병원 = 미친 사람'이라는 단순하고도 무지한 도식만 머릿속에 들어 있던 있던 나는 정신과 치료를 받고 싶지 않았다. 하지만 날이면 날마다 우울증이 나를 들쑤셨다. 악마가 몇 마리씩 양쪽 어깨에 앉아 있는 것만 같았다. 그래, 나는 미쳐가고 있는 거야. 전문가의 도움이 필요해.

결국 나는 한 대학병원 개방병동에 입원수속을 밟았다. 2인실에 들어간 나는 먼저 입원해 있던 50대 아주머니와 인사를 나누었다. "언제부터 편찮으셨어요?" 나의 질문에 아주머니는 한숨을 푹푹 내쉬었다. "나는… 전두환 때부터 이날 입때까지 아퍼." 아니, 그럴 수가. 지금 시절이 어느 시절인데요. 전두환 정권이라니요.

저녁까지 지치도록 각종 검사를 받은 다음 흡연실로 마련되어 있는 투명한 부스 안에 들어가 겨우 담배에 불을 붙였다. 그런데 중년 아저씨 한 분이 따라 들어와 담배를 깊게 빨아들이더니 연기를 내뱉으며 물었다. "사회에 있을 때 뭐 했어요?" 아니, 여기는 사회가 아니란 말인가.

바깥에서 자물쇠로 굳게 잠겨 있는 폐쇄병동에서는 가끔씩 꺄아아악- 으으으아- 하는 비명 소리가 들려왔다. 거기에 비하면 개방병동은 훨씬 느긋한 분위기였지만 병실 창문에 굳게 둘러져 있는 촘촘한 철창을 볼 때마다 '아, 내가 지금 정신병원에 입원했지?' 하는 실감이 들었다. 복도 산책이라도 하려면 간호사와 반드시 동행해야 했고, 어째선지 독서가 절대로 허락되지 않았다(있는 책이라곤 6·25 학도병 참전 수기뿐이었다). 아마도 쓸데없이 생각이 많아지기 때문인 모양이었다. 저녁 9시 30분경 차례로 밤에 먹어야 하는 약을 받은 다음에는 간호사들이 교대로 시계를 가렸기 때문에 몇 시인지 아침이 오기 전에는 알 방법이 없었다. 그동안 병동 문은 바깥에서 굵은 쇠사슬로 칭칭 감겨서 커다란 자물쇠가 채워졌다.

며칠 동안이나 종일 검사만 하다가 하루 시간이 다 갈 지경이었다. 그러다 검사 결과가 드디어 나왔고, 교수님은 부모님을 불러 함께 면담해야 한다고 했다. 부모님과 나는 진료실에 둘러앉아 검사 결과를 들었다. 내가 앓고 있던 우울증은 나이에 어울리지 않게 갱년기도 지난 50대 여성들에게 나타나는 양상이라고 했다. 나이가 젊으면 대체로 조울 증상일 경우가 많은데, 나의 경우 아주 착, 하고 가라앉은 깊은 우울증이라는 것이었다.

나는 더듬거리며 어릴 때부터 쭉 이어져 온 부모의 구타에 대한 이야기를 했고, 아버지는 자신은 그저 남들 다 하는 것처럼 마땅한 훈육을 했을 뿐이라며 억울해했다. 어머니 역시 다른 애들도 다 맞고 크는데 얘는 좀 예민하다며 함께 억울해했다. 내가 예민한 건 사실이니 아무 할 말이 없었다. 그러다가 아버지는 정말 꽉 억누른 목소리로 내게 생전 처음 사과를 했다.

"미안하다."

교수님은 검사 결과가 나온 두꺼운 파일을 넘기며 말했다. "부모님이 잘못하셔서 학생이 잘못된 것도 아니고, 학생이 별나서 병에 걸린 것도 아닙니다. 정밀조사 결과, 뇌내腦內 대사물질이 부족해요. 간단히 말해서 사람에게는 우울과 슬픔을 느끼는 물질이 있고, 기쁨과 낙관을 주관하는 물질이 분비되는데 학생은 앞의 것은 좀 지나치게 분비가 되고, 뒤의 물질은 아주 부족해요. 그리고 간단히 말해 우뇌가 감성, 좌뇌가 이성을 담당한다고 했을 때 우뇌는 많이 발달했지만 좌뇌는 거의 발달하지 않았어요. 좌뇌와 우뇌의 균형이 무척 맞지 않아요. 지금 여기에 입원하게 된 것은 누구의 잘못도 아닙니다."

어쩐지, 어릴 때부터 국어와 영어 성적은 좋았지만 수학과 과학은 차라리 찍는 게 더 나았을 정도로 성적이 나빴는데 약간 그 비밀이 풀린 느낌이었다. 기쁨보다 슬픔에 더 예민하도록, 나의 뇌는 그렇게 살기로 아주 옛날부터 선택을 한 거였다. 늘 '인싸'들보다 가장자리에 앉아 쓸쓸한 눈을 한 사람들과 어울린 것도 나의 결정이 아니라 내 뇌의 결정이었다.

벽의 꽃 wallflower이라고 불리는 사람들. 무도회에서 아무도 춤을 추자고 청하지 않는 사람들. 나 역시 그런 사람이었고 그런 사람들에게만 끌렸다. 내 뇌가 그간 속삭여 온 거였다. 벽으로 가. 저 사람들에게 말을 걸어. 벽에 가서 함께 앉아서 이야기를 나누자. 벽에 기대앉아서, 춤추는 사람들을 그냥 바라보면서, 벽에 핀 꽃 같은 사람들과 시시한 농담이나 나누는 거야. 그게 너야, 그리고 그게 나야….

지금은 '뇌내 대사물질 불균형'이라는 이 연구 결과는 너무 오래된 이야기고, 의학자들의 연구는 나날이 새로워져서 이제 이러한 해석은 정설로 통하지 않는다고 최근 어딘가에서 읽었다. 그렇지만 그때는 그걸 믿는 수밖에 없었다.

젊은 애들은 주로 조울증에 걸린다는데 새파랗게 젊었던 나는 왜 심해생물처럼 착 가라앉아버렸을까. 병동에 유일하게 나보다 어린 사람이 한 명 있었는데, 서울대에 차석으로 입학했지만 증상이 심해져 휴학한 후 입원했다는 여학생이었다. 그 학생이 조울증을 앓고 있었는데 정말로 1분마다 기분이 바뀌는 사람이었다. 울다가 갑자기 웃는 것이 매스 게임처럼 획획 바뀌어 무슨 영상에 빨리 감기를 돌린 것 같았다. "어머, 나도 우울증이에요"라고 말한 그녀는 밥 먹다가도 울었고, 이불 개다가도 울었고, 약 타러 나왔다가도 울었다. 절대로 나와 같은 병을 앓고 있다고는 믿을 수가 없었다.

그러다 텔레비전에서 명성황후에 대한 프로가 방영되어 무료한 환자들이 다 함께 둘러앉아 보고 있었는데, 열렬하게 보고 있던 한 환자가 갑자기 심각한 어조로 뭐라고 중얼거리기 시작했다. 그는 흡연실에서 나와 함께 담배를 피우다 말고 "여기 의사들은 자꾸 나한테 과대망상이라고 하는데, 절대 아니고 나는 분명히 우울증이에요. 의사는 아무것도 몰라요" 하며 갑자기 화를 낸 사람이었다. 그는 금방이라도 뚫고 들어갈 것만 같은 기세로 티브이 화면을 바라보다가 방백했다. "만약 명성황후가 살아계셨다면… 지금 내 인생은 완전히 달랐을 거예요." 환자들은 도대체 뭐가 달랐을 거라는 건지 궁금한 눈빛으로 그를 바라보았고, 누군가가 뭐가 달랐다는 거냐고 묻자 그는 비장하게 대꾸했다.

"나는요… 이씨거든요."

한동안 그 누구도 아무런 말을 꺼내지 못했기에 병동에는 침묵만이 공기를 눌러 무겁게 가라앉혔다.

그 외에도 다양한 증상을 보이는 환자들을 아주 많이

본 나는 결국 일주일 만에 병원을 뛰쳐나갔다. 왜 퇴원을 하고 싶냐는 교수님의 질문에 나는 대답했다.

"여기 와서야 알았습니다. 전 아직 덜 미친 것 같아요."

*

자살을 결심하고 또 독하게도 이행한 사람들을 볼 때마다 어떤 이들은 "'자살'의 반대는 '살자'다" "죽을 각오로 살면 왜 못 사느냐" 하며 잘도 말한다. 하지만 나는 절대로 죽음이라는 검정색 카드를 뽑고야 만 그들에게 그런 말을 할 수 없다. 목구멍을 통해 위장에 곧장 닿은 호스가 느껴지던 그날, 나는 그들에게 아주 가까이 다가가 있었다. 나 역시 거의 그 카드를 뽑았다가 얼결에 통 안으로 도로 떨어뜨린 사람이었고, 그것은 내게 살고자 하는 의지가 있어서가 아니라 그저 운이 좋아서였다.

베로나의 약제사

요즘은 우울증이라는 병이 사람들에게 '마음의 감기'라는 이름으로 누구나 걸릴 수 있는 질병으로 많이 알려졌다. 그래서 예전처럼 신경정신과를 꺼리지 않아 병원을 찾는 이들이 많아졌다고 한다. 하지만 영화처럼 자신의 고통을 실컷 털어놓으면 시간이 얼마가 됐건 자상하게 들어주는 의사를 기대했다가는 실망하기 쉽다. 몇 분 되지 않는 시간 동안 증상을 확인한 후 그에 맞는 투약으로 진료가 끝나는 경우가 많기 때문이다. 나는 일찍부터 정신과를 찾았기 때문에 신경정신과 의사들이 그렇게 고해를 받아주는 신부처럼 내 괴로움을 들어줄 것이라고는 전혀 기대하지 않았다. 그저 내 증상에 정확히 대응하는 약만 준다면 감지덕지였다.

우울증도 우울증이지만 불면증으로 큰 괴로움을 겪고 있었던 나는 내과를 겸한 동네 신경정신과에서 보통 졸피뎀을 처방받았다. 연예인들이 술과 함께 마약처럼 복용하기도 하고, 성범죄를 저지르는 남자들이 여성의 음료 등에 타 먹여 한때 세상을 떠들썩하게 만든 약이기도 하다. 하지만 나는 졸피뎀과 안정제를 아무리 투약해도 잠들지 못했다. 한두 시간 잠들면 아주 드물게 운이 좋은 날이었고, 밤새도록 심각한 외상 후 스트레스 장애PTSD를 앓게 한 사고의 기억으로 밤을 꼬박 새우는 게 다반사였다. 도저히 견뎌내지 못하고 약을 털어넣은 다음 술로 그걸 삼키고 거의 실신하는 날들이 흔하고 또 흔했다. 그럴 때마다 그냥 실신해버리고 싶었지만 늘 그렇듯 세상 일은 내 뜻에 협조해주지 않았다.

한때 나는 '히키코모리'라는 단어도, 그렇게 살 수밖에 없는 사람들도 이해하지 못하는 인간이었다. 인생을 이다지도 교만하게 산 것이다. 심지어 '아니, 햇살이 이토록 찬란한데 왜 방구석에 처박혀 있단 말인가' 하고 같잖은 의문을 가지기까지 했었다. 역시 사람은 다른 사람의 신발을 신어보지 않는 한 그 사람의 사정을 모른다는 말이 옳았다. 정신을 차려보니 나는 완벽한 히키코모리가 되어 있었다. 압구정에 있는 회사에 다닐 때는 옥수동 집까지, 목동에 살 때는 상수동 카페까지, 글을 쓰기 위해 씩씩한 걸음으로 성큼성큼 걸어 다녔던 나는 이제 완벽하게 죽었다. 그 여자는 이제 이 세상에 없는 사람이었다. 나는 살아 있는가, 죽어 있는가. 내가 누구인지 말할 수 있는 사람은 누구인가.

적어도 나는, 말할 수 없었다.

언제나 삶에 뭔가 즐거운 일을 만들려고 쉴 새 없이 도모하고 재미나게 살기 위해 온갖 짓을 다 하다가 종종 사고까지 치던 나였다. 그런 내게서 생명력이 점점 빠져나가는 것이 실시간으로 느껴지는 것은, 할머니를 암으로 조금씩 잃어가던 과정을 지켜보았을 때와 조금은 비슷한 기분이었다. 초기에는 동네를 산보할 수 있었던 할머니는 병세가 깊어지면서 점차 대문 밖에 나갈 수 없었다. 마당까지는 나갈 수 있었던 할머니는 점차 그것도 어려워져 집 안에서만 돌아다닐 수 있었고, 이후로는 방 안에서만 움직이다가 이내 앉아만 있게 되었다. 그러고는 누워만 있었으며, 누워 있을 기력도 남지 않았을 때 끝내 돌아가셨다. 몸이 아니라 마음에 암 덩어리가 자라고 있던 내 상태 역시 비슷했다.

옷 사이즈가 항상 44, 55면 입어보지 않고 사도 너끈하게 맞던 시절, 사뿐사뿐 10cm 힐에 올라타고 다니던 시절이 정말 내게 있었는지도 가물가물했다. 이젠 예전에 그토록 싫어했던 자루처럼 풍덩한 옷 말고는 입을 것이 없었다. 예쁜 옷을 사는 게 아니라 내가 들어갈 수 있는, 친절하게 나를 입장시켜주는 옷만 사야 했다. 햇볕이 한 치라도 방에 들어오는 게 싫어 늘 커튼을 꽉 닫고 지냈다. 이파리에 꼭 달라붙은 애벌레처럼 침대에 틀어박혀 누운 채로 책을 읽거나 폰을 하거나 노트북을 만지작거리며 시시한 정보들에 넋을 놓았다. 잘 움직이지 않으니 씻지도 않았다. 씻고 싶지도 않았다. 그냥 그저 더럽고 싶었다.

나 스스로를 위해서는 아무것도 하고 싶지 않았다. 가슴에 품은 슬픔이 너무나 크고 스스로가 너무 미워서, 나에게 전혀 잘해주고 싶지 않았다. 나는 누구에게도, 스스로에게도 아무 대접을 받을 자격이 없었다.

*

거의 일주일 가깝게 잠을 1분도 못 이루면 몇 걸음 걷다 말고 갑자기 땅바닥이 내게 확 덤벼왔다. 그 정도까지 상태가 악화되자 아주 확실한 예감이 들었다. 이거 아무래도 내가 지겠다. 분명 이놈이 언젠가 날 죽일 것이다.

아무 약도 듣지 않아 이 병원 저 병원을 전전하는 도중, 마지막으로 갔던 개인병원의 의사가 말했다. 나는 너를 포기하겠다, 너에게 더는 해줄 수 있는 일이 없다, 다만 소견서를 써줄 테니 대학병원에 가라, 여기에는 투약에도 한계가 있지만 그곳에는 쓸 수 있는 약이 더 많다.

예전에 대학병원에서 비싼 돈만 치르고 전혀 효과를 못 본 적이 있어 별로 내키진 않았지만 나를 기어이 죽이려 하는 그놈에게 그저 손 놓고 죽을 수는 없으니 별 수 없이 대학병원을 찾아갔다. 거기서 만난 의사 선생님이 나의 로렌스 신부님, '베로나의 약제사'이시다.

아시다시피 베로나의 약제사는 셰익스피어의 〈로미오와 줄리엣〉에 나오는 로렌스 신부의 투잡이다. 원수지간인 몬터규 집안과 캐풀렛 집안의 화해를 바라고 있는 로렌스 신부는 이것이 오랜 적대관계를 끝낼지도 모른다는 희망을 안고 두 사람을 은밀히 결혼시킨다. 그러나 친구 머큐쇼를 살해한 줄리엣의 사촌오빠 티볼트를 죽인 로미오는 베로나에서 추방당하고, 줄리엣은 파리스와 강제로 결혼할 상황이 되어 로렌스 신부에게 당장 죽어버리겠다고 울부짖는다. 그러자 로렌스 신부는 '베로나의 약제사'로 변신해, 24시간 동안 마신 이를 가사 상태에 빠지게 하는 약을 조제한다. 줄리엣을 잠시 죽은 것처럼 가장하여 로미오와 도망시키기 위한 것이었다. 그러나 로렌스 신부의 투잡 실력이 너무나도 훌륭한 나머지, 약이 들어도 너무 잘 들어버렸다. 로미오는 줄리엣의 죽음을 조금도 의심하지 않고 자신도 즉시 죽음을 택하고 만다. 그러니까 로렌스 신부의 약 조제 솜씨가 시시했다면 〈로미오와 줄리엣〉은 성립하지 않았을 것이다.

내가 과연 잠이라는 것을 잘 수 있을까, 거의 체념 상태로 찾아간 교수님은 그야말로 솜씨 좋은 베로나의 약제사처럼 여러 가지 약들을 요모조모 배합했고, 내가 앓고 있는 증상을 다스리기 위해 심지어 어떤 약의 부작용을 이용하기도 하는 등 내가 생전 처음 목격하는 창조적인 투약 기술을 구사했다.

이분과도 처음부터 합이 잘 맞았던 것은 아니었다. 지금 거의 3년 정도 진료를 받고 있는데, 상태가 호전된 것은 비교적 최근이다. 끈질기게 선생님과 대화를 해나가면서 내가 무슨 문제가 있는지, 이 약을 썼을 때는 어떻고 저 약을 썼을 때는 어땠는지, 사소한 것까지 경과를 살펴보면서 인내심을 가지고 치료해나간 성과가 이제야 조금씩 나타난 것이다. 그리하여 서너 시간이나 자고 감격한 내게 진정한 '베로나의 약제사'라는 찬사까지 듣게 되었다. 그 찬사 같지 않은 찬사를 듣고는 "아니, 결국 환자는 다 죽었잖아!" 하고 대꾸하셨지만.

베로나의 약제사께서는 최근 내 상태가 상당히 호전되었다며 투약량을 대폭 축소했다. 나로서는 큰 발전이다. 아까 암 덩어리라고 했듯, 한때 내가 안고 있는 우울증을 모든 불행의 근원처럼 여긴 적이 있었다. '다른 사람들은 멀쩡한데 왜 나만' 하며 나와 세상을 동시에 원망하기도 했다. 그렇지만 우울증은 그냥 나와 함께하는 오래된 친구려니, 그렇게 대강 심상하게 여기는 것이 가장 무난한 것 같다.

우울증이라는 놈은 관심을 너무 주면 내 모든 것이 죄다 제 것인 양 설쳐대고, 관심을 너무 안 주면 나 여기 있으니 좀 알아달라고 발악을 하다 기어코 뭔가 사고를 치고 만다. 별수 없이 고속버스 옆자리에 함께 앉아 가게 된 그다지 친하지 않은 친구처럼, 목적지에 닿을 때까지는 어쩔 수 없이 이 녀석과 동행해야 한다는 것을 인정하고 나면, 그 녀석에게 휴게소에서 산 호두과자라도 어색하게 권하게 된다. 녀석을 눌러 없애려 하지도 않고 맹렬하게 미워하지도 않고, 그냥 '내 옆자리에 누가 있나 보다' 하며 창밖 경치도 보고 책도 읽고 그러다 보면 녀석도 어느새 조용해져 있다.

그렇게, 우리는 함께 갈 것이다.

달리기

이제 어쩔 수 없이 삐걱삐걱 관절이 비명을 지르는 나이에 접어들었지만 30대 초반까지는 다이어트는 물론이고 건강 면에서 혹독할 만큼 자기를 단속하며 살았다. 하지만 차라리 내가 죽었으면 좋겠다 싶었던 경험을 하고 나서 나는 여러 면에서 심하게 망가졌다. 그전에도 우울증을 앓고 있어 계속 투약을 하고 있었지만, 정신적 외상을 입고 나서 우울증이 한층 심화되었다.

예전에는 거리가 제법 되는 회사까지 반드시 걷거나 자전거로 출퇴근하고, 그러고 나서도 회사 옥상에서 줄넘기 1,000번을 뛰고서야 하루를 시작했던 내 몸은 누가 그랬냐는 듯이 빙하 위에 누운 바다사자처럼 침대 위를 떠나려 하지 않았다. 노트북을 기울인 채 누워서 영화나

만화, 인터넷만 탐독하면서 방에 콕 박혀 있는 내 모습은 일본 만화에서 본 히키코모리들보다 더 나빴다. 그들은 집 안에서 죽은 듯이 살면서 술이라도 안 마셨지만, 나는 잊고 싶은 일들이 머릿속을 점령해올 때마다 알코올에 푹 젖는 것으로 도피했다. 또 음식을 먹었을 때의 포만감을 안온한 기분으로 착각해 이전에는 절대 먹지 않던 패스트푸드나 치킨, 튀김, 분식, 라면, 과자, 이런 것들을 야식이나 안주로 집어먹기 시작했다.

당연한 이야기지만, 그러자 살이 쪘다. 평소 50kg을 넘으면 질색팔색을 하며 몸을 못살게 굴었는데, 내 몸이 그런 대접을 받았던 것에 대해 이때다 싶어 반격을 하는 것 같았다. 정확한 무게는 밝힐 수 없지만, 나는 가장 말랐던 시절보다 두 배가 훨씬 넘게 불어났다. 내가 가장 가벼웠을 때의 몸무게는 10여 년 전 기륭전자 단식투쟁에 참여했을 때의 38kg이다. 완전히 초등학생 한 사람을 몸에 달고 다니는 셈이다.

그 부작용으로 아무도 만나지 않게 되었다. 나를 오랜만에 보는 사람들은 모조리 기함을 했다. 사람들마다 살

이야기밖에 안 했다. 하지만 나는 도저히 움직이고 싶지 않았다. 슬픔에 너무 지쳐 움직일 기력이 없었다.

2019년 봄에 나의 살들은 최고점에 다다랐는데, 대중교통에 탑승하면 사람들이 자꾸만 자리를 양보해주었다. 처음에는 소스라치게 놀라며 "저 임신 안 했어요" 하고 사양했지만 나중에 정 피곤할 때는 임산부인 척 그냥 앉아버릴 때도 한두 번 있었다. 관절에 무리가 와서 서 있는 게 힘겨웠던 것이 반, 에라 모르겠다 싶은 마음이 반이었다. 그래도 직장생활을 놓지 않고 대중교통을 이용하는 진짜 임산부들에게 미안하니까 더는 양보를 받아서는 안 되겠는데, 하며 골치를 썩었다.

그러던 중 함께 사는 언니와 함께 건강검진을 받으러 갔다. 직장에 다니지 않는 우리는 건강검진을 할 기회가 별로 없었지만, 그러다가 혹시나 큰 병을 키울까봐 둘이서 큰맘 먹고 간 거였다. 거기서 나는 충격적인 소리를 무진장 들었다. 고지혈증이 무럭무럭 자라고 있었고 당뇨 이야기도 나왔다. 몇 년을 방치해둔 내 몸은 당연한 이야기지만 온갖 성인병의 온상이 되어 있었다. 의사는 체중을 줄이고 당장 운동하지 않으면 안 된다고 강력하게 말했다.

당시 내 핸드폰의 만보계 앱은 하루 300보를 기록할까 말까 했다. 침대에서 거의 나오지 않은 셈이다. 무슨 운동이든 하긴 해야겠는데 뭘 할지 잘 감이 오지 않았다. 수영은 옛날에 배워봤지만 배영까지 배우고 내가 물고기도 아닌데 맨날 물속을 왔다 갔다 하는 게 싫어서 그만뒀다. 테니스나 라켓볼은 공 줍기 귀찮아서 싫었고, 헬스장은 PT 끊어야 하는 게 싫었고, 요가는 뚱뚱한 몸으로 가고 싶지 않았다. 어쩌면 좋을까, 고민하다가 내 몸뚱이 하나와 러닝화 하나만 있으면 되는 게 달리기다 싶어서 달리기로 결심했다. 단, 처음부터 러닝머신에서 달린다는 선택은 완전히 배제해놓고 있었다. 사실 나는 헬스장에 놓여 있는 그 많은 러닝머신이나 헬스자전거를 보면, 그걸 발전기에 연결해 그 아까운 에너지로 동력을 생산할 수는 없을까, 뭐 그런 생각을 늘 하는 사람이기 때문이다.

사실 예전에 좋은 러닝화를 사서 달려보려고 시도했던 적이 있었다. 하지만 아무런 길잡이도 없이 하려니 도대체 어떻게 달려야 할지 몰라 그만두었었다. 그런데 다시 운동을 고민하던 즈음, '런데이'라는 달리기 앱에 대해 알게 되었다. 8주간 쉬지 않고 30분 달린다는 목표를 달성하기 위해서 코치가 음성으로 어떻게 달리라고 지도를 해 주는 앱인데, 달리기 초보자들에게는 이것만큼 훌륭한 앱이 없지 않나 싶다. 처음에는 1분간 달리고 1분 30초를 걷고 하다가, 점차 달리는 시간을 늘려가고 워크 브레이크를 줄여가는 식이다. 주 3회씩 달리게 되어 있는 프로그램이었지만 나는 그냥 비가 오건 말건 '매일' 달렸다.

얼마간 뛰다 보니 러닝화를 하나 장만하면 좋을 것 같아 쓸 만한 걸 하나 샀다. 《본 투 런》 같은 책에서는 러닝화가 우리의 발을 둔감하게 만든다면서 타라우마족이라는 부족처럼 맨발로 달릴 것을 주장한다. 나는 호기심에 한두 번은 맨발로 달려보기도 했지만 부드러운 흙이 깔린 풀숲 같은 곳이 아니라면 도시에서 맨발로 달리는 것은 그리 권장할 만한 일이 아니라는 결론을 내렸다. 쿠션이 듬뿍 발을 받쳐주는 러닝화는 마치 통통 날아갈 것 같은 기분이 들게 했다.

나는 원래도 무라카미 하루키를 별로 좋아하지 않는데, 그것은 그의 소설에 나오는 모든 여성들이 지극히 평범한 남성에 불과한 주인공에게 뭐든 갖다 바치기 바쁜 게 어째 좀 불쾌해서다.《상실의 시대》에서도 뭐 썩 볼 것도 없는 남자 주인공에게 매력적인 세 명의 여성이 안달하는 것을 이해할 수가 없었다. 하루키의 다른 작품《해변의 카프카》에서도 이런 패턴은 비슷하게 반복된다. 어쨌든 그래서 맥주를 마시기 위해서 달리기를 한다는 '마라토너' 하루키 역시 싫었다.

'노인네가 재산도 어마어마하면서 건강까지 야무지게 챙기는 것 좀 봐, 얄밉게.'

'어느 도시를 가나 일단 한 번 달려보지 않고는 그곳을 파악할 수 없다니, 유난이야.'

하루키가 오바에 육바까지 한다고 늘 생각했는데, 나는 앱의 기초 코스인 8주 과정을 다 마치기도 전에 깨달았다. 나 역시 어딘가 떠날 일이 있을 때 러닝화를 가장 먼저 챙기고 달릴 곳을 물색하는 인간으로 변했음을. 하루키 어르신, 제가 아직 세상을 잘 몰라서 이탈리아에서 달렸네 어쩌네 하시니까 그냥 잘난 척하시는 걸로 알았지 뭐예요. 그간 죄송했습니다.

그 이후 나는 서울을 떠날 때면 트렁크에 제일 먼저 러닝화부터 꾸렸다. 한국에 나와 있는 달리기에 대한 책들도 닥치는 대로 읽어 치웠다. 마라톤의 10km 코스에 경험 삼아 나갔고, 하프 마라톤을 무난하게 뛰었다. 2020년에는 풀 마라톤에 출전하겠다고 결심했는데 코로나 때문에 마라톤이 모두 중지된 상태라 그러지는 못하게 되었다.

걷기는 그전에도 많이 하던 거였는데, 달리기는 뭔가 달랐다. 뭐랄까, 빵빵하게 부풀어오른 풍선에 약간 여유를 주듯이 어깨의 힘이 조금 빠지게 된다. 분하고, 화나고, 속상한 부정적인 기분들이 달리면서 뱉어내는 숨에 울분과 함께 빠져나가는 듯하다. 그전에도 우울증에 달리기가 좋다는 이야기는 많이 들었는데, 정말 효과가 있었다. 믿으시라. 20년째 우울증과 사투하는 내가 효과가 있다고 하면 정말 있는 것이다. 늘 정신과 약을 한 움큼씩 먹어야 했는데, 달리기를 하면서 병원 방문이 더 뜸해졌고 약을 점차 줄여나갈 수 있게 되었다. 새벽이 되면 달릴 생각에 즐겁게 일어났다.

달리기 그 자체에만 집중하는 게 가장 좋겠지만 워낙 산만한 성격 때문에 블루투스 이어폰으로 뽕짝을 듣거나 간혹 투쟁가를 들으면서 달린다. 가끔은 따라 불러서 동네 트랙을 도는 어르신들을 깜짝 놀라게 할 때도 있다.

"눈물은 이별의 거품일 뿐이야~ 다가올 사랑은 두렵지 않아~ 아모르파티~"

"너희는 조금씩 갉아먹지만 우리는 한꺼번에 되찾으리라~ 아아 우리의 길은 힘찬 단결 투쟁 뿐이다~"

뭐, 이런 노래를 부르며 아직까지는 육중한 몸집으로 물소처럼 트랙을 돌진하는 내 꼴이 우습긴 하다. 별로 품위 있어 보이지는 않지만 그 이른바 '뽕끼'에 마음의 뭔가 씻겨나가는 것 같다(투쟁가에도 있다, 그 '뽕끼'가…). 한 마디로 매일 아침 달리는 것은 그날그날 마음의 때를 이태리 타월로 벗겨내는 것 같은 기분이다.

달리기는 뭔가 특별한 운동이다. 뭐랄까, 영혼을 꽉 붙들어주는 것 같다고 할까. 어느 문학가가 산책을 칭송하면서, 걷고 있을 때 글쓰기의 영감을 주는 천사들이 귓가에 속삭인다는 말을 한 적이 있다. 달릴 때의 내가 꼭 그렇다. 내 몸의 여러 기관들이 일제히 합창을 하는 것 같은 기분이다.

물론 예전이나 지금이나 내 삶의 앞길이 잘 보이지 않는 것은 마찬가지다. 그리고 때로 침대로 파고들던 예전의 관성으로 돌아가고 싶을 때도 있고, 실제로 그러는 시기가 찾아오기도 한다. 그렇지만 그러는 순간조차 늘 달리기를 의식한다. 많은 날들의 나는 근심들을 끌어안고 이불을 덮어쓰는 대신 새벽 공기를 쐬며 러닝화에 발을 밀어넣고 일단 트랙에서 달린다. 나는 다시는 빙하 위의 바다사자로 돌아가지 않을 것이다. 앞으로도 이 '자신을 아낀다'는 낯선 감각을 소중히 할 것이다.

무거운 여자의 삶

무거운 여자의 삶은 생각보다 훨씬 촘촘하게 짜증스럽다. 나는 한국 여성이 도달할 수 있는 무게에 한 번씩은 다 가본 것 같다. 가시처럼 말라도 보았고 거대한 체구가 되기도 했다. 그러면서 무거운 한국 여성이 얼마나 살아가면서 하루하루 말할 수 없는 모욕을 속으로 꿀꺽 삼키고 살아가는지 알게 되었다. 내가 47kg일 때의 한국과, 90kg에 가까웠을 때의 한국은 완전히 다른 나라였다. 무거운 여자는 누구나 대놓고 멸시하는, 그래도 되는 불가촉천민이었다.

그러나 가끔 그 지방들은 나를 안전하다는 기분이 들게 해줄 때도 있었다. 이를테면 원치 않는 남성들의 성적 접근에서 확실한 방어막 역할을 해줬다. 내가 패딩코트처럼 두른 지방은 마치 비계로 된 갑옷처럼 그런 일들을 막아주는 것 같았다. 하지만 그런 기분도 잠시. 남자들은 내가 살이 찌지 않았을 때는 지분거렸지만 살이 찌자 경멸하기 시작했다. 지분거리는 것도 싫지만 그들에게 경멸당하는 건 더 싫었다.

내가 살을 빼겠다고 결심한 건 지방간을 위시한 온갖 성인병의 습격도 있었지만, 살이 쪘다는 이유 하나만으로 인격까지 모욕당한다는 것이 지겨워졌기 때문이었다. 그들은 여성이 날씬하면 손을 대고, 뚱뚱하면 막 대한다. 뚱뚱한 여자 앞에서 대놓고 "줘도 안 먹는다"라고 모욕하는 말을 들은 여성들의 경험담이 얼마든지 있다. 심지어 돈도 적게 번다. 미국의 경우 과체중인 백인 여성은 평균보다 소득이 12퍼센트 낮다는 연구 결과가 있다.

미국비만인협회의 발표에 따르면 무거운 사람에 대해 사람들은 흔히 편견을 가지고 있다고 한다. 개선 의지가 없다, 의욕이 없으며 게으르다, 경쟁심과 호승심이 부족하다, 반항적 기질이 있으며 꼼꼼하지 못하다…. '비만인 차별'은 성차별, 연령차별에 이어 차별 정도가 심하기로 3위를 차지했다. 전과자, 정신질환 병력이 있는 사람, 비만인이 지원할 경우 탈락하는 것은 비만인이라고 한다(동일한 자격을 갖췄더라도). 요컨대 비만인 것은 전과가 있는 것보다 나쁜 것이다!

휴, 무거운 여자들은 일상에서 숨 쉬듯 모욕을 당한다. 정말이다. 이를테면,

마트에서

무거운 여자가 장을 본다고 하자. 사람들은 그가 자정쯤에 혼자 라면을 두어 개 끓여서 흡입할 것이라고 단정하며, 카트에 무엇을 담았는지 매의 눈으로 스캔한다. 만약 신선한 과일, 채소 등이 담겨 있다면 '저런데 왜 살이 찌지?'라며 의아해한다. 하지만 그의 카트에 라면, 냉동만두, 즉석식품이나 과자 같은 것들이 들어 있다면, 그들은 딩동댕! 하고 종이 울린 것 같은 표정을 하며 수군거린다. 보통 체중의 여자가 카트에 단것, 즉석식품, 맥주, 만두 같은 것을 아무리 실어도 아무도 그 카트를 들여다보지 않는다.

회식 자리에서

보통 체격의 여자가 "이 음식 참 맛있다"라고 말하면 사람들은 "많이 먹어" 하고 접시를 끌어다주지만, 무거운 여자가 "이건 참 맛있다"라고 감탄하면 사람들은 "그만 좀 먹어" 하고 접시를 빼앗아버린다. 그래서 회식 자리 같은 곳에서도 무거운 여자들은 "저는 많이 먹었어요. 배불러요" 하고 배가 고파와도 음식을 정중히 사양한다. 그게 살도 빼지 못했으면서 나다녀서 죄송한 무거운 여자가 취해야 할 겸양의 태도이기 때문이다.

더 나아가 어떤 무거운 여자들은 아예 회식 자리에서 고기 굽는 불판과 집게의 담당자를 자처하기도 한다. 보통 체격의 여자가 고기를 굽고 있는데 무거운 여자가 그 고기를 먹고 있으면 사람들의 시선이 차가워지는 것을 무거운 여자는 누구보다 빨리 느끼기 때문이다. 그래서 무거운 여자는 일부러 사람 좋은 웃음을 얼굴 한 가득 띄우며 고기를 자신이 굽겠다고 가위와 집게를 쥐고 나선다. 그것이 그녀가 그 자리에서 살아남을 수 있는 거의 유일한 방식이다.

옷가게에서

무거운 여자가 옷을 사러 가면, 점원이 아주 귀찮은 표정으로 접객을 시작한다. 그런데 이것은 접객이라기보다는 휘이 휘이 하고 내쫓는 행위에 가깝다. 그 브랜드의 옷을 맵시 있게 차려입은 판매원은 쌀쌀맞은 경멸을 담은 눈으로 이렇게 쏘아붙인다. "죄송한데 저희 브랜드에 손님 사이즈 옷은 없거든요?" 없다는데 뭐라고 하겠는가. 뚱뚱한 여자는 쓸쓸히 샵을 나선다.

또 쿠팡이나 지마켓 같은 쇼핑 웹사이트에 '빅사이즈'라고 검색해서 들어가보면, 일단 옷이 예쁘질 않다. 빅사이즈면서 예쁘길 바라는 게 양심 없는 행위라면, 적어도 옷 같은 옷을 팔아야 할 게 아닌가. "박시해서 누구나 입어도 여리여리한 핏을 자랑할 수 있어요^^"라고 설명되어 있는 티셔츠는 웬만한 시멘트 푸대자루만 한 몸통에 파이프로 낸 구멍처럼 볼품없는 소매가 달려 있는 아주 끔찍한 물건이다. 만약 소비자에게 조금이라도 미적 의식이 있다는 것을 의식했다면, 차마 돈 받고 팔 생각은 양심상 하지 못했을 정도다.

연애에서

보통 체격의 여자가 연애를 하면 사람들이 축하를 해주지만, 무거운 여자가 연애를 하면 사람들은 신기해한다. 어떻게 용케 그런 재주가 있었네? 그리고 상대 남자를 대견해하기도 하고 가엾어하기도 한다. "아휴, 남자가 보살이네, 보살!"

잘돼서 결혼까지 갔다고 해보자. 일단 여자와 결혼하기로 한 남자가 어떤 사람인지, 두 사람이 어떻게 어울리는지, 두 사람이 세운 인생 계획은 어떤지를 궁금해해야 하지 않나? 하지만 무거운 여자에게 흔히 들리는 질문은 이런 것들이다. "그럼 결혼 전에 얼른 살 빼야겠네? 걔 완전 큰일났다." "근데 그 몸에 들어가는 드레스나 있겠어?"

생판 모르는 두 사람이 가정을 이루는 것보다 드레스가 터지면 어떡하냐는 걱정부터 하고 있다. 이것이 과연 정상인가? 무거운 여자가 들을 수 있는 가장 칭찬에 가까운 말은 '맏며느리감'이라는 말인데, 가부장제에서 이 표현은 칭찬이라기보다는 차라리 저주다.

무거운 여자들은 숨 쉬고 있는 매 순간마다 혐오와 싸우고 있다. 무거운 여자는 차를 몰고 나와도 "뚱뚱한 X이 차는 왜 끌고 나와서"라고 욕을 먹고, 지하철이나 버스에서 빈 자리가 나서 앉으면 "저렇게 편안한 걸 밝히니까 살이 찌지, 쯧쯧" 하고 욕을 먹는다. 경멸과 혐오가 그물처럼 촘촘한 세계를 도무지 빠져나갈 길이 없다….

여성의 몸은 함부로

열두 살 때 초경을 겪었으니 좀 이른 편이었다. 지금은 그 정도는 아니지만 초등학교 6학년 때 집으로 돌아오다가 얼굴이 하얗게 질리며 까무러쳤다. 어느 미용 에세이를 보니, 자궁은 팔다리 등의 온갖 사지부속과 심지어 두뇌까지도 오로지 자기 자신, 즉 자궁만을 위해 있는 기관이라고 생각한다고 한다. 그 글을 어른이 되어 읽게 된 나는 '이놈의 포궁(자궁) 자식, 다 생각이 있었군' 하고 귀에서 연기가 날 정도로 화가 났다.

여성주의자들이야 자신의 포궁은 물론 여성으로서 온몸을 다 받아들이라는 충고를 많이 하지만, 글쎄… 여자는 남자보다 한 달에 기분이 나쁠 수밖에 없는 날이 신체적으로 더 많다. 배란기에 배란통을 앓는 사람도 많고,

내 경우에는 월경 시작 1, 2주전에 극심한 생리전증후군을 겪는다. 마음이 불안정하고 어딘가 공격적이 되고 술을 마시고 싶어지고 충동적이 된다. 암호랑이처럼 거칠고 공격적이 되는 생리전증후군을 지나 마침내 생리가 시작되면, 극심한 생리통이 시작된다. 다 세어보면 내가 한 달 동안 멀쩡할 수 있는 기간은 일주일 정도뿐이다. 나머지는 생리전증후군으로 죽어가고 있거나, 피를 흘리며 죽어가고 있거나, 둘 중 하나다. 이 모든 것이 에덴동산에서 이브가 지혜의 열매를 아담에게 권한 죄라면 너무나 가혹한 연좌제다.

어른이 된 후 이 생리통과 생리전증후군이 너무 심해서 산부인과에 찾아가 물어본 적이 있다. 어차피 아이 낳을 생각은 없으니 이 모든 고통이 사라지도록 어떤 방법이 없겠냐는 것이었다. 의사(남자였다!)는 시큰둥하게 차트를 보여주며 말했다.

"결혼해서 애 낳으면 다 없어져요~"

무책임한 대답과 그보다 더 무책임한 그의 태도에 잔뜩 화가 났다. 뭐? 아기를 낳으면 다 없어진다고? 지금 그걸 해결 방안이랍시고 나한테 내놓은 거야? 나는 아무 성과 없이 병원을 나오면서 중얼거렸다.

"선생, 내 생리전증후군 기간에 나랑 마주치지 않는 게 좋을 거야. 걸프전 '사막의 폭풍' 작전 때 미국에서 왜 여군들을 모조리 생리전증후군 상태인 여성들만 투입했는지 알아? 왜긴 왜야, 파괴력이 엄청나니까 그렇지."

*

그 뒤에 내가 정기검진 같은 것을 빼고 산부인과에 특별히 볼일이 있어서 간 것은 몇 년 전이었다. 한 친구가 자기 친구가 '미레나'라는 자궁에 설치하는 피임도구를 장착한 후부터 생리전증후군이니 뭐니 하는 것과 완전히 작별하고, 심지어 생리를 안 하기까지 한다는 거였다. 그런 마법의 장치가 있다니 왜 아직 내가 몰랐지! 생리는 차라리 나은데 생리전증후군(격하게 우울해지고, 난폭해지고, 자기혐오에 빠지고, 끝없이 먹는다)을 피할 수 있다니 나는 당장 병원으로 향했다.

나는 의사에게 생리통은 물론 생리전증후군의 고통이

아주 심해서 온 거라고 열심히 설명했다. 원래 시술비는 50만 원이지만 생리통이나 생리전증후군으로 하려는 목적이라면 보험 처리로 시술비가 훨씬 저렴해진다고 얘기를 들어서였다. 하지만 의사는 그냥 "예, 예" 하고 귓등으로 듣더니, 결국 나에게 50만 원의 청구서를 들이밀었다.

뭐 생리통, 생리전증후군이 완치된다면 이 정도 투자는 못할 것도 아니다 싶어 집에 돌아왔다. 그런데 그날부터 몸이 10일 정도 두드려 맞은 듯이 아팠다. 이 장치가 호르몬을 인위적으로 써서 난자와 정자가 만나지 않도록 하는 피임도구이다 보니, 나는 '호르몬이 10일 정도 나를 두드려 패는구나' 하고 생각했다. 그래도 5년간 장치할 수 있다니 괜찮다는 생각이 들었는데, 그건 '적응'만 할 수 있다면 괜찮은 거였다. 기존의 생리통과 생리전증후군이 보름에 걸쳐 나를 괴롭힌다고 하면, 미레나는 그 보름을 한 달로 나누어 일종의 할부 지급으로 만들어주는 것이었다. 그리고 10개월에 걸쳐 마구 살이 쪘다.

나는 이게 어찌 된 영문인가 싶어 인터넷을 들여다봤다. 기사나 포스팅 속의 산부인과 의사들은 미레나가 마치 옷핀으로 옷을 살짝 꿰매듯 안전하고 빠른 시술이라고 입을 모았다. 나는 실제로 시술을 받은 여성의 후기를 찾아봤다. 거의 모래 속에서 사금 찾듯이 어려웠다. 그러다 우연히 여성 커뮤니티 같은 곳을 들어가게 되었는데 그 커뮤니티에서는 이 시술을 한 사람들이 거의 다 분노하고 있었다. 몸이 욱신욱신 아픈 것, 생리 때의 고통을 한 달에 걸쳐 분할 납부해야 하는 것, 그리고 살이 찐다는 것 등을 고민하는 여성이 상당히 있었다.

나는 혼란에 빠졌다. 왜 이렇게 되는 거지? 남자들 약인 비아그라 같은 것은 정보도 넘치고 이제 카피약도 넘치는데, 왜 한두 푼 드는 것도 아닌 이 시술은 부작용을 충실히 설명도 해주지 않는 거지?

결과적으로 미레나는 내가 가진 문제를 아무것도 해결해주지 않았다. 그리고 나중에 장치를 뺄 때는 오히려 문제를 일으켰다. 마치 탐폰처럼 기구 끝에 실이 달려 있어 그것을 잡아당기도록 해놓았는데, 처음에 진료한 그 성의 없던 의사가 시술 역시 성의 없게 해놓은 모양이었다. 제거 수술을 할 때, 아파서 나도 모르게 꽥 소리가 나왔다. 그런데 이 의사(남자였다!)도 성의 없긴 마찬가지였다. "아프다고 이걸 마취해요? 좀만 참아봐요!" 그러더니 이걸 시술한 의사를 욕하기 시작했다. "머저리 같은 놈, 이걸 나중에 빼려면 실을 제대로 앞에 나와 있게 해놔야지, 실을 저 안에 넣어놔 가지고 실을 꺼낼 수가 없잖아. 어떤 돌팔이야!" 그러면서 "조금만 참아요" 하며 실을 찾기 위해 내 몸속을 마구 뒤지기 시작했다. 겨우 실을 빼내고 나서야 고통이 멈췄는데 마치 인간이 아니라 '암소'가 된 듯한 기분이 들었다.

안 그래도 화가 났던 건 이 병원에서는 모든 환자를 "엄마 이리 오실게요~" "엄마 저리 가실게요~" 하며 사뭇 친근하게 응대한 거였다. 친근한 응대야 좋지만 왜 모든 여성을 엄마로만 취급하는가. 그러니까, 이런 산부인과에는 애 낳을 생각이 없고 딴 일로 찾아오는 여성은 거의 없다는 소리다. 하여 그들에게는 모든 환자가 다 '엄마'일 수밖에 없다. 여성을 포궁이 아닌 존재로 여길 상상력도, 여유도, 필요도 느끼지 못하는 무심함.

무용가 이사도라 덩컨이 두 아이를 낳고 나서 아이들

은 너무나 사랑스럽지만 출산이 너무 원시적이고 폭력적이었다며 남자들이 출산을 했다면 이 모든 게 달라졌을 텐데, 라고 자서전에 쓴 구절이 있다. 아마 이사도라 덩컨 역시 암소 취급을 당한 게 아닐까. 19세기에 태어난 여성이 토로하던 고통이 21세기를 살고 있는 여성에게도 여전히 이어지고 있다니 살짝 끔찍했다. 나는 자의 반 타의 반으로 아이를 낳지 않는 쪽을 선택했지만, 엄마가 된 친구들은 진통이 너무 심한데 의사들이 너도 나도 내진 실습해보자며 손을 넣었을 때 왁 하고 그 손을 물어뜯고 싶었다고 한다.

남성이 먹는 약들에 대해서는 온갖 실험 결과나 뉴스가 나오는 데 반해, 고통을 호소하는 여성에게는 '그것 하나도 못 참냐'는 식으로 대하고 심지어 부작용까지도 제대로 알려주지 않는다. 아마 의사도 피임기구 부작용에 대해 알지 못하고, 모르니까 관심도 더 없는 게 아닐까. 어떻게 그렇게 쉽게 여성의 몸을 대하는 게 가능한 걸까? 왜, 대체 왜일까?

삶에 대한 실감

〈정신병동 이야기〉라는 짧은 만화책이 있다. 얇기 때문에, 만화이기 때문에 깊이가 없으리라는 오해를 하기 쉬운데 전혀 그렇지 않다. 본인이 정신질환으로 고통받은 경험이 있고 또한 정신병동의 간호사이기도 했던 작가는 자신의 경험을 100퍼센트 살려 정신병동과 정신질환에 대한 이야기들을 해나간다. 이 책의 한 대목에서 작가는 자신이 근무하던 병동에 입원한 어느 여성 자해 환자의 팔에 난 칼자국을 묘사하며 "팔이 골판지 같았다"라고 언급한다. 문득 나 역시 스무 살 무렵 정신병동에 잠시 입원했던 기억이 머릿속을 스치고 지나갔다.

그때 나는 가까운 사람들로부터 돈 때문에 뒤통수를 맞은 일이 많았고, 성적 학대를 여러 차례 당했으며, 부모님으로부터 여전히 신체적 체벌을 당하고 있었다. 여러 모로 마음이 너덜너덜해지다 보니 깊은 우울에 시달렸고, 우울이 완전히 나를 꿀꺽 하고 삼켜버릴 것 같을 때면, 삼켜지지 않기 위해서 날카로운 칼로 왼팔을 베곤 했다. 동맥까지 건드릴 정도로 벤 것은 몇 번 되지 않았다. 죽으려고 벤 것이 아니라 살기 위해서, 내가 살아 있다는 것을 확인하기 위한 행위였다.

사람들은 흔히 이런 자해 문제를 가진 정신과 환자들을 다른 사람들의 관심을 바라는 '관종'(관심 종자)이라고 생각하지만, 그렇지 않다. 나는 정신이 너무나 괴로울 때 육체를 해함으로써 정신을 한눈팔게 만들었다. 흔히 정신력으로 육체를 굴복시킬 수 있다고 생각하지만, 육체적 고통은 번번이 정신을 이겼다. 미쳐버릴 것 같은 우울감은 피가 흐르는 뜨끔한 통증 앞에 잠시나마 자취를 감추었다.

보통의 인간이라면 누구나 자기보존 본능을 지니고 있는데, 그런 본능과 상충되는 짓을 저지르면서까지 자해 환자들이 확인하고 싶은 것은 과연 뭘까. 덩어리가 시빨겋게 진 핏줄기를 바라보면서 그들이 깨닫고 있는 것은 뭘까.

그것은 바로 '내가 지금 살아 있다'라는 삶에 대한 실감이다. 적어도 나는 지금 살아 있다, 살아 있다. '살아 있다'라는 바로 그 느낌. '아직 세상이 나를 포기하지 않고 붙들고 있다'라는 얄팍한 안도감.

그러다 보면 나 같은 게 살아 있어도 되는가 싶어 꼭 울게 된다. 덩어리져 흐르는 뜨뜻한 피가 아직 너는 살아 있다고 말한다. 그러면 자해 환자들은 '나 같은 인간도 살아 있어도 되는가'라는 질문에 답하기 위해 갖은 애를 쓴다. 자해 환자의 1퍼센트가 자해를 시도한 바로 다음해에 실제로 목숨을 끊는다고 하는데, 아마도 이 질문에 답하지 못한 이들이 아닐까.

자해뿐만이 아닐 것이다. 우울, 지나친 예민함, 강박, 불면… 그 모든 마음의 병은 붕대를 맬 수도 없고, 어디가 아프다고 표시도 나지 않는다. 그렇기 때문에 남에게 쉽게 대놓고 하소연할 수도 없다. 많은 경우 혼자 묵묵히 삼키는 수밖에 없는 것이다. 혹시 마음의 병을 지닌 이를 알게 된다면, 무조건 긍휼히 여기고 받아줄 필요는 없지만, 적어도 몇몇 상투적인 위로의 말들을 경솔하게 건네지는 말도록 하자. '마음의 병은 마음에 달렸다'라거나 '죽을 각오로 살면 왜 못 살겠냐' 등의 말들은 오히려 상처가 될 수 있다. 특히 맨 마지막 말의 경우 조심해야 한다. 정말로 달랑 죽을 힘밖에 남지 않아 죽은 사람들이 꽤 있기 때문이다.

2부

왜 사냐건
그냥 웃지요

심어

 아직 가슴에 열이 펄펄 끓어오르던 20대 시절의 이야기다. 그 쓸데없는 열도 좀 식히고 세상 공부도 하고 겸사겸사 돈도 벌어보자고 녹즙 배달을 시작했다. 그 일을 하면서 나는 이름을 갖지 못했다. 사무실 노동자들은 내 이름도 성도 알 필요가 없었고, 그저 '녹즙 아가씨'라 불렀다. 일을 시작한 지 며칠 되지 않아 나는 이 세계가 철저히 약육강식의 질서에 의해 움직이고 있어 나처럼 고라니 정도의 전투력을 가지고서는 결코 살아남을 수 없는 생태계구나, 하고 어찌어찌 사태 파악은 하게 되었다.
 녹즙 일을 하기 전의 나는 아직 피가 덜 식었던 시절이라, 나이는 시위 떠난 화살처럼 꼬박꼬박 먹어가고 있건만 철이 안 들어 술과 뜨겁게 관계하며 온갖 사건사고를 겪고 저지르고 하던 참이었다. 그러다 골방에 한동안 칩거하면서 도대체 인간은, 아니 나라는 인간은 왜 이 따위밖에 안 되는가를 깊이 생각했다. 결국 나 말고도 모든 사람이 저지르는 모든 어리석은 일들의 원인은 딱 두 가지라는 결론이 나왔다. 외로워서, 아니면 먹고살려고(특히, 잘 먹고 잘 살려고). 사람은 심심하거나 배고파서 온갖 종류의 바보 같은 일들을 저지르게 된다. 적어도 나는, 늘 그랬다.

그래서 골방에서 나와 일을 구하며 굳게 다짐했다. 아, 절대 심심하지 말아야겠다, 절대로 심심하지 말자. 망할 에디슨인가 뭔가 하는 사람이 백열전구를 발명한 다음 추방되어버린 삶의 방식이긴 하지만, 몇 세기 동안 인간이란 아침 해를 보며 일어나 해가 질 때까지 열심히 일하고 집에 돌아와 푹 잠드는 생활을 하였으니 나도 선조의 길을 따르리라고 결의를 단단히 했다. 그 후 얼굴 좀 보자며 술자리에 불러내는 사람은 여전히 많았지만 매일 새벽 서너 시에 출근하는 나에게 만취해보자고 권하는 이는 없었고, 녹즙 배달 일은 심신수양에는 큰 도움이 되기는 했다. 그러나 당시 대학원 학비까지 전전긍긍하고 있던 나의 주머니 사정에는 별 도움이 되지 않았다. 그래서 아르바이트 구인 사이트를 뒤져 그나마 경험이 있는 카페 서빙 일도 하게 되었다.

홍대 인근 카페에 취직했지만, 요즘의 인스타그래머들이 좋아할 만한 카페는 아니었다. 내가 일하는 시간인 오후 12시부터 6시까지만 커피를 내놨고, 6시가 되면 커피 머신을 끄고 멜론 톱100 같은 최신 가요를 쩌렁쩌렁 울리게 틀어놓는 호프집으로 변신하는 곳이었다. 버드와이저와 오비맥주 포스터, 소주 브랜드 광고 모델의 헐벗은 등신대 포스터 옆에 도자기로 만든 다소곳한 귀족 부인 인형이나 로코코 스타일의 각종 비품, 명품 커피잔 등이 놓여 있는 국적 불명의 '주간 커피, 야간 맥주' 가게였다.

이곳의 낮 시간 손님들은 주로 60대에서 70대를 다양하게 넘나드는 어르신들이었다. '녹즙 아가씨'로 일할 때는 이름도 성도 필요 없었는데 적어도 여기에는 내 성이라도 알고 싶어하는 사람들이 있었다. 낮 시간 단골 손님들에게 매니저가 새로 온 일꾼이라며 나를 인사시켜주자, 노신사들은 일제히 물었다. "자네 성이 뭔고?" 내 성이 도대체 왜 궁금한지 알 수 없었지만 "김金가입니다"라고 대답하자 그들은 고개를 끄덕였다.

"그러면 미스 김이구먼. 앞으로 잘 부탁해, 미스 김."

잠깐 휘청했다가 정신을 다잡았다. 혹시 내가 지금 타임워프물 같은 것의 주인공이 된 것은 설마 아니겠지. 미스 김이라, 그런 건 80년대 드라마에서도 안 나오는 줄 알았는데, 여기에서는 이미 죽은 말이 아니라 아직 팔팔하게 살아 있는 언어였다.

그 이후부터 "미스 김, 나 아메리칸 커피 하나." "미스 김, 나는 카푸치노로 줘." "미스 김, 예쁘게 입었네. 오늘 어디 가나?" "미스 김, 시집은 언제 가나?" 미스 김, 미스 김, 미스 김…. 부르는데 어떡하겠는가. 그래서 미스 김(=나)은 할 수 있는 한 최선을 다해서 활짝 웃는 얼굴로 오후 12시부터 6시까지 커피를 날랐다. 새벽 5시부터 녹즙을 나르니, 손가락을 꼽아보면 대략 하루 열두 시간쯤 노동하는 셈이었다.

*

　새벽에는 녹즙 리어카를 끌고, 점심 저녁에는 커피 쟁반을 나르면서 미스 김은 생각이 많아졌다. 하루는 책상머리에 앉아 있는 것보다 몸으로 일하는 데서 배울 게 많을 거야, 하며 카페의 통유리를 낑낑대며 닦고 있는데 종종 나타나는 우아한 마담 한 분이 걸어 들어왔다. 사장의 어머니로, 이대 출신인 그분은 옷차림도 행동도 한때의 메이퀸답게 고상하고 우아했다. 그날은 싱싱한 꽃을 가득 안고 나타나셔서 그의 화사한 입성과 어우러져 카페의 풍경이 순간 화려해졌다. 매니저와 내가 "어머 웬 꽃인가요" 하며 인사를 하자 마담은 내게 대뜸 꽃을 내밀었다. 꽃 이름은 기억나지 않지만, 꽃다발이 아니라 서너 개쯤 되는 화분이었다. 화분을 받아들고 어리둥절해하는 미스 김, 아니 나에게 마담은 짧게 말했다.

　"심어."

　그리고 턱으로 내가 닦던 통유리 너머를 가리켰다. 옆 빌딩과 우리 빌딩 사이에 딱 다리미판 정도 될까 말까 한 흙무더기가 하나 있기는 했다. 꽃밭으로 가꾸기에는 취

객들이 종종 소변을 처리하고 가는 공간이라 머리가 복잡해져서 우뚝 서 있는데 마담은 재촉하기 시작했다.

"뭘 하고 있어? 어서 심으라니까?"

네, 까라면 까야지요. 나는 일단 화분을 안고 흙무더기 쪽으로 갔다. 그런데 모종삽도 하나 없이 어떻게 흙을 파고 저 화분을 하나하나 꺼내 심는단 말인가? 내가 흙무더기 앞에 쪼그리고 앉아 골머리를 썩고 있는 동안 마담은 내 어깨 너머에 서서 당장 안 심고 뭘 하느냐며 재촉을 거듭했다. 어쩌지, 맨손으로라도 파야 되나. 지금 마담의 표정은 분명히 어서 그러라는 얼굴이었다. 멀쩡한 손 뒀다가 너 지금 뭐 하니, 하고 얼굴에 궁서체 폰트 16볼드 정도로 커다랗게 쓰여 있었다. 그러다 빈약한 지혜가 떠올라 얼른 가게에서 병맥주 따개를 가지고 나왔다. 병따개로 흙을 파자 모종삽만큼 효율이 나지는 않았지만 그래도 어느 정도 땅이 파이기 시작했다. 이래서 인간은 도구의 동물이었구나!

마담은 내 어깨 너머로 내가 얼마나 열성적으로 땅을 파는지 쭉 지켜보았고, 내가 팍팍 땅을 팔 때마다 그분의 얼굴에 미소가 떠오르는 것을 보고는 난 무슨 비버라도 된 양 열렬히 흙을 파고 화분을 죄다 심는 데 성공했다. 그것까지 보고 나서야 마담은 만족한 표정으로 가게를 떠났다. 검정 세단이 완전히 떠난 것을 보고 나서야 병따개를 아무렇게나 팽개치고는 아까 닦던 통유리에 잠시 이마를 기대 쉬었다.

그래, 세상엔 어디에서든 배우는 일들이 많구나. 녹즙 시음을 차갑게 거절당한다거나 도구도 없이 땅을 파라거나, 삶에는 주어지는 미션이 정말 많구나. 아마 앞으로도 더 배울 것이 차고 넘칠 거라고 나는 생각했고, 역시 그랬다. 아마 앞으로도 그럴 것이다. 캄캄한 미래를 맥주병따개 하나 없이 나아가는 것이 어른의 세계라는 것을 아주 조금 배운 나는, 아니 미스 김은, 가끔, 아니 종종, 사실은 매일, 삶에게 애원을 하곤 했다. 저기, 죄송한데요, 듣고 계시나요? 그렇다면 부디, 아니 제발 부탁인데요, 살살 가르쳐주세요. 제발 조금만 살살.

세일즈와 연애

"미스 김, 카푸치노 좀 줘." "난 카페라떼." "난 비엔나 커피."

카페에 낮 시간에 오는 70대의 영감님들은 주문도 가지각색이었다. 30대 후반의 사장은 경기도 어디에 보습학원을 차릴 생각이라 그걸 의논하느라고 카페에는 좀처럼 발걸음을 하지 않았다. 저 할아버지들이 여기에 매일 오는 것은 사장의 후한 정책 때문인데, 뭘 시켜도 무조건 영감님들에게는 3,000원만 받으라는 거였다. 이것이 노인 공경의 정신인가! 영감님들은 갖은 베리에이션의 커피를 마시며 내게 국회방송 채널을 틀어달라고 청했다 (이런 방송도 있는지 생전 처음 알았다). 녹즙 배달을 마치면 카페 알바까지 한 시간 남는데, 나는 오토바이로 맹렬하게 카페 오픈 시간에 맞추어 달려가곤 했다.

슬프게도 내 녹즙 실적은 언제나 낮았다. 녹즙 회사의 구인 광고지에는 "배달원 구함"이라고 쓰여 있지만, 그걸 믿고 여기에 들어온 사람들은 자신이 '배달원'이 아니라 '세일즈 퍼슨'에 더 가깝다는 사실을 알게 된다. 영업이 7이고 배달이 3정도일까. 그동안 책상머리에 앉아 있는 일만 한 미스 김은 샘플을 내밀며 맛보시라는 말 한 마디 못한다. 시음료에 빨대를 꽂아서 내밀면 쳐다보지도 않고 "아, 저리 치워요" 하고 말하는 사람들에게 이제 충분히 익숙하다. 실은 내가 사무실에서 일할 때 하던 짓이니까 익숙하다. "아, 됐어요. 돈 없어요."

미스 김은 회사 다니던 시절을 생각하며 노래를 흥얼거린다. "괜찮아요, 나도 한때는 누구의 마음 아프게 한 적 많았죠…." 그때 "저 그런 거 안 먹는다니까요" 하며 야멸차게 뿌리쳤던 녹즙 아줌마가 몇 명이었던가. 어쨌든 세일즈의 세계에 뛰어들었으니 공부라도 해야겠다고 생각한 미스 김은 도서관에서 세일즈 관련 책을 50권쯤 빌렸다. 그러다 보니 재미있는 점들이 있었는데, 이를테면 유명한 세일즈 교육가는 유명한 동기부여 강사일 경우가 많다는 것이었다.

더 흥미로운 것은 이들은 연애와 결혼에 대한 책도 종종 쓴다는 점이다. 그도 그럴 것이 연애와 영업은 신기하게 비슷한 구석이 많다. 첫째는 인사이드 마케팅, 내부 교육이 철저히 되어야 한다. 자기 스스로를 좋아하지도 않고 자신이 없는 사람이 이성에게 매력적이지 못한 것처럼, 세일즈맨 스스로가 좋아하지 않는 상품을 팔 수는 없다. 다행히도 나는 내가 파는 녹즙을 좋아했다.

두 번째는 손님, 혹은 이성의 거절을 개인적 거절로 받아들이지 말 것. 수많은 세일즈 도서는 입을 모아 손님에게 상품을 권했다가 거절당했을 경우 자기 자신이 거부당했다고 생각해서 의기소침해지는 것이 세일즈맨이 가장 빠지기 쉬운 함정이라고 말한다. 실은 남자 문제도 마찬가지다. 용기내서 들이댔다가 반응이 신통치 않으면 여자들은 자신에게 수천 개의 화살을 돌린다. 오늘 옷이 별로였나? 역시 여자가 먼저 들이대면 안 돼. 내가 눈이 너무 작아서, 코가 너무 커서인가? 몸무게가 3kg만 덜 나갔다면 좋았을걸. 그때 입었던 옷이 별로였나? 머리 염색이 싸 보였나? 조금 더 예뻤더라면 어땠을까? 직업이 좀 괜찮으면… 등등 할 수 있는 자기 탓은 끝도 없이 많다(남자들은 훨씬 더 긍정적이다. 저 여자 뭘 잘못 먹었나보다 생각하고 얼른 현명하게 발을 빼니까). 하지만 그게 그냥 나쁜 '때'였을 경우도 있는 거였다. 그 남자가 하필 바쁠 때였다거나, 기분이 안 좋았을 때, 뭘 잘못 먹었을 때 뭐 어쨌거나 여러 가지 기타 등등.

세 번째, 모든 건 어차피 확률 게임이다. 전단지 열 장 돌리는 것과 천 장 돌리는 것 중 고객이 될 만한 사람을 만날 확률은 당연히 천 장 쪽이 더 높다. 텔레마케팅의 경우 무작위로 스물세 명에게 전화를 걸었을 때 응답을 받을 확률은 그중 일곱 명이라고 한다. 스물세 명의 남자를 만나봤자 뭔가 불꽃이라도 일어날 확률은 그중 고작 일곱 명인 것이다. 그러니 가뭄에 콩 나듯 남자를 만나봤자 무슨 일이 일어나지 않는 건 당연한 것. 고객이든 남자든 구경이라도 많이 해야 내 것이 될 확률이 높아지는 거였다.

하지만 단 하나만은 결정적으로 달랐다. 많은 세일즈 전문가들은 좋은 성적의 비결을 "고객을 빚진 상태로 만드는 것"이라고 말한다. 고객에게 호의를 자꾸 베풀어, 고객이 자꾸만 받도록 만들어야 한다는 것이다. 사람이란 존재는 받으면 어느 정도 돌려주어야 한다는 의식이 있기 때문에, 그렇게 하면 세일즈맨과 고객 사이의 거래가 자연스럽게 이루어진다나. 하지만 세일즈와 달리 연애에서는 "빚진 상태"라는 것 자체가 존재하지 않는다. 잘해주고 잘해주고 또 잘해줘봤자 상대는, 특히 남성은 우쭐해질 뿐이다. 세일즈맨에게 호의를 받은 고객은 '저 사람 참 친절하네, 너무 잘해줘서 미안하다'고 생각하지만 끝도 없이 퍼주는 연인을 만난 상대는 목에 빳빳하게 깁스를 두른다.

철없던 스무 살 시절, 남자에게는 끊임없이 칭찬을 해줘야 한다는 책《화성에서 온 남자, 금성에서 온 여자》라는 불쏘시개를 정독한 후, 당시 30대 초반이었던 남자친구에게 나는 칭찬칭찬 열매(아시겠지만, 만화《원피스》에 나오는 표현이다)를 먹은 듯이 "오빠는 잘생기고 멋있잖아"라는 거짓말을 종종 하곤 했다. 그는 사실 땅딸막한 키에 땅땅한 몸으로, 아무리 잘 봐주려고 해도 멋있을 건덕지가 없었다. 그런데 어느 날 다투었을 때, 그는 나를 노려보며 이렇게 말했다, "넌, 어차피, 내 외모 때문에 나 만나는 거잖아!"

오 신이시여, 제가 무슨 짓을 저지른 겁니까? 나는 기가 막혀서 "가서 거울 좀 보시지" 하고 당장 헤어졌다. 남자에게 잘해줘봤자 그들은 이렇게 생각할 뿐이었다. '쟨 날 진짜 좋아하나봐.' '내가 잘생기긴 잘생겼나봐.' '와우, 내가 얼마나 잘났으면 저렇게 좋아할까?' '아주 나한테 죽네, 죽어.' 이들에게 빚 따위는 없다. 그것은 모두 잘나고 매력적인 내가 당연한 내 몫으로 받아 마땅한 것이다. '저 여자가 저렇게 나한테 잘하는 이유는 내가 당연히 그럴 만한 이유가 있는 인간이니까!' '우리 엄마는 내가 잘생겼다고 그랬어!'

거울을 볼 때 남자의 70퍼센트는 자기 정도면 잘생겼다고 생각하고, 여자의 70프로는 자신이 뚱뚱하다고 여긴다는 농이 있다. 아는 남자 하나가 거울을 들여다보며

"장동건이나 박보검은 너무 부담스러워. 나 정도가 딱이지"라고 망언을 하는 걸 들은 적이 있다.

그러니 여성들이여, 되도 않은 남성에게 "잘생겼다, 멋있다" 이러한 영혼 없는 칭찬을 하지 말자. 당신과 헤어져도 그는 다른 여성들에게 '잘생긴 내가 너랑 만나준다'는 속마음을 늘 지니고 있을지도 모른다. 우리가 괜히 착즙하고 추어주면 다음 번 여성이 고생한다! 사랑에는 빚이 없다, 더 아쉬운 사람만 있을 뿐.

거절의 극기 훈련

'거절의 극기훈련'이라는 것을 아시는지. 우습고 재미있는 것을 좋아하는 장난스러운 성격 덕에 아직까지 죽지 않고 살아 있지만, 나이에 비해 온갖 더러운 꼴을 다 본 나는 뭐랄까, 어릴 때부터 '비관의 생활화'가 몸에 배어 있다. 내가 경애하는 한 지인은 이미 "인간이 에덴에서 쫓겨난 이후 세상이 자신에게 친절할 것을 기대해서는 안 된다"라고 말한 적이 있기도 하다. 좋은 일이 있을 것이라 기대하지 않는 태도, '오히려 나쁜 일이 생기겠지, 그럴 거야' 하고 비관을 생활화해버리는 태도는 내게 실제로 불행이 닥쳐왔을 때 충격을 완화해주기는 했지만, 내 마음에 암막커튼처럼 두터운 그늘을 드리우기도 했다. 삶에 대한 아무 기대를 갖지 않는 태도는 언뜻 쿨해

보일 수도 있지만, 진실은 그저 쿨한 척하는 겁쟁이일 뿐이다.

그런 태도로 살아가다 보면 불행이 닥쳤을 때 '내 그럴 줄 알았어' 하고 충격을 최소화할 수는 있으나 대신 기쁜 일이 생기더라도 진심으로 기뻐할 수가 없다. 남의 옷에 억지로 몸을 끼워 입은 듯이 어색하고 '아무래도 이런 건 내 몫이 아닐 텐데' 하고 의심이 든다. 그렇게 기쁜 일을 이상스레 여기기만 하니 간혹 삶이 너그럽게 베푸는 선물을 요만큼도 온전히 누리지 못하는 것이다. 그러나 나는 여전히 삶을 견뎌내려면 낙관 못지않게 어느 정도의 비관 역시 반드시 필요하다고 생각한다. 그래서 관건은, 양 조절이다. 우리에게는 과연 어느 정도의 비관이 적절할까? 그럼 대학 때의 김현진을 만나보시라.

몸과 마음이 갈려나갈 듯 살고 있던 시절은 대학교 3학년 때였다. 2년이라는 긴 휴학 기간을 거치고 학교에 복학을 했는데, 아직 휴학 기간에 다니고 있던 회사에 적을 둔 채였다. 그렇지 않으면 학비고 생활비고 뭐고 감당할 길이 없었다. 알량한 회사에 목숨 걸고 매달리는 수밖에. 일주일에 세 번, 수강편람에 죽어라 매달려 수업을 완벽하게 주3파로 몰아넣은 후 수업이 없는 날은 회사로, 수업이 끝나고 난 후에도 곧장 회사로 달려갔다. 다행히 회사에서 작가라는 역할을 맡고 있었기 때문에 좀 자유롭게 해줘야 창의성이 발휘될 것이라는 너그러운 처우를 받아 늘 회사에 붙어 있지 않아도 순조롭게 일은 돌아갔다. 하지만 세상은 늘 달라지기 마련, 나에게도 상황이 달라졌다.

오래 입은 옷처럼 몸이 맞춰져 있던 회사 조직이 거칠게 개편되었다. 한 팀이 완전히 갈리고 새로운 팀장이 왔다. 팀장은 능글대며, 있는 대로 여자를 밝히고, 그 사실을 회사 여직원들에게 전혀 감추지 않는 사람이었다. 그것까지는 어금니 꽉 다물고 참을 수 있었지만, 자신이 그런 남자라는 사실을 매번 나쁜 손버릇과 말버릇으로 보여주는 것은 너무 역겨운 일이라 마음이 매우 상했다. 나 역시 그의 못된 버릇을 피해갈 수 없었다. 그리고 그는 예쁘지도 고분고분하지도 얌전하지도 않은 어린 여자애가 일주일에 세 번만 풀 근무를 하고 나머지는 학교가 끝나고 헥헥 달려오는 꼴이 그다지 상도덕상 맞지 않다고 생각했던 것 같다. 어쨌건 한동안은 평안한 나날이었지만 나는 그의 끈적한 말버릇을 견디다 못해 결국 어느 날 참지 못하고 버럭 화를 내고 말았다. 그러고 나서 권고사직을 당했다.

그나마 다행인 건, 실업급여란 걸 받을 수 있었다는 점이었다. 진짜 악질적인 곳에서는 앙심을 품고 권고사직 처리를 해주지 않고 자진퇴사 처리를 해서 실업급여도 받지 못하게 하는 곳이 얼마든지 있었다. 그동안 냈던 보험료를 이런 식으로 돌려받을 수 있다니 한국이란 나라가 참 발전하고 있나 보다 하며 고용안정센터에 얼마간 갔다.

그런데 웬걸, 센터 직원들이 매우 꼬장꼬장했다. 절대로 공짜 돈은 없었다. 적어도 고용안정센터의 직원들은 "절대로 너희가 앉아서 그냥 실업 상태에서 돈을 받도록 가만 놔두지 않겠어"라고 써 있는 듯한 날카로운 눈을 하고 있었다. 이메일로 입사 지원을 했다는 흔적을 캡처해서 프린트해가야 했고, 직원은 독수리 같은 기세로 프린

트물을 들여다보며 지원일이 언제인지 면밀히 확인했다. 조금이라도 의심이 가면 "이건 뭐예요? 저건 뭐고요? 정말 지원한 것 맞아요? 허위 아니에요?" 하며 공무원 특유의 꼬장꼬장한 말투로 꼬치꼬치 질문을 해댔다.

나는 조금 기분이 언짢아지려 했지만 옆 창구를 보며 참았다. 옆 창구에서는 50이 넘은 아주머니가 청소 용역 자리에 지원을 했었다고 설명을 하고 있었다. 담당 직원은 아줌마가 지원을 했는지 안 했는지, 구직 활동을 안 하고 거짓말을 하는지 어떻게 아냐, 면접을 보러 갔었으면 담당자의 명함이라도 받아오든지 아니면 면접을 봤다는 도장이라도 받아왔어야 할 게 아니냐고 반말 온말 섞어대며 물었다. 아주머니는 떨리는 목소리로 당장 취직이 급해 찾아간 그 와중에 실업급여 때문에 도장 찍어 달라는 소리를 어떻게 하느냐고 했다. 턱짓으로 "아줌마, 아줌마" 하고 부르며 자신은 실업자 따위가 될 일이 결코 없으며 실업 상태에 있는 인간을 아주 경멸한다는 듯한 태도를 전혀 숨기지 않던 그 여직원은 20대 초반이던 나보다 고작 서너 살 많아 보였다. 그리고 아주머니는 우리 엄마보다 두세 살 많아 보였다. 할 수만 있다면 버럭 다 엎어버리고 실컷 화를 내고 싶었다. 하지만 이 모든 상황이 아주머니의 잘못도, 그 여직원의 잘못도 아닌 것 같고(좀 무례한 것은 사실이지만) 여기서 화를 낸다 한들 아무런 것도 달라지지 않을 것 같았다. 계좌에 입금되는 몇십만 원의 돈이 그때는 그토록 중했으니 내가 달리 무슨 말을 할 수 있었겠는가. 고용안정센터에 갔다 온 날은 단 하루도 빼놓지 않고 언제나 그렇게 우울했다.

다음 날이 되면 쥐꼬리만 한 실업급여가 계좌로 입금되었고, 없는 살림이었지만 고수레-! 하는 심정으로 5,000원 정도는 슈퍼에서 소주나 맥주를 사서 마셨다. 아직 학교에 다니고 있었지만, 나는 진심으로 고용안정센터에 가고 싶지 않았기 때문에 더욱 미친 듯 열심히 구직 활동을 했다. 하지만 학교를 졸업하지도 않고 나이도 어리고 별 대단한 재능도 없는 사람을 써주는 데는 당연히 찾기가 힘들었다. 몇 백 통의 이메일 입사지원서를 냈고 몇 군데를 돌아다니며 면접을 봤다. 끝끝내 많은 거절들이 나를 기다렸고, 겨우 프리랜서로 계약해서 일을 한 곳에서는 자금 사정이 어쩌고저쩌고 하며 마지막 잔금을 5개월 후에나 주었다. 그곳에서 작업이 끝나고 몇 달 후 신규 프로젝트를 같이 하자고 했을 때 나는 여전히 대학생이었고 아직도 돈이 없었지만, 두 번 다시 고용안정센터에 가고 싶지 않은 것만큼이나 그 회사와는 일하고 싶지 않았다.

어쨌거나, 결론은 다들 살아 있다. 전에 다니던 회사는 온갖 구설수 속에서 일단 운영은 되고 있고, 그 회사 동료들도 잘 살아 있다. 고용안정센터의 직원들도 살아 있을 것이다. 떨리는 목소리로 도장을 어떻게 받아오냐고 했던 그 아줌마도 살아 있었으면 좋겠고, 내 돈 떼먹은 연놈들이야 다 죽었으면 좋겠지만 산 사람 생목숨에 대해서 이렇게 말하는 것도 죄일 테다. 나름대로 몇 년 전의 그때보다는 많이 너그러워졌고 가난을 잘 버티게 되었는데 그것은 내가 고용안정센터에서 보낸 몇 달 때문이다. 이메일로, 전화로, 면접관을 대면하고 나서 그토록 많이 당한 거절 때문이다. 그 수많은 거절 위에, 딱 버티고 서서, 지금은 좀처럼 상처 받거나 하지 않는다. 그것이 고용안정센터에서 얻은 유일한 '안정'이다.

　누가 나를 싫어해도, 추진하려던 일이 무산되어도, 누가 나를 욕해도, 날 보는 남자 눈치가 영 별로라 연애가 꼬여도, 나는 별로 휘청거리지 않는다. 거절이라면 충분히 당해봤다. 수십 수백 번 당해봤던 것이다. 그 거절들이야말로 나를 지탱하고 있는 힘이다. 물론 거절당하는 그 순간에야 기분이 더럽지만, 다시 또 거절당했나 싶은 기분이 드는 날이면 '거절의 극기훈련을 거친 시절이 있는 것도 아주 나쁜 건 아니구나' 하고 생각하는 것이다. 아직도, 아직은 간신히 견딜 수 있다.

회사로부터의 추억

내가 10년 전쯤 다니던 회사는 온라인 게임 회사였는데, 입사하고 싶어서 한 것은 아니었다. 순진무구한 부모님이 다단계를 소개받고 이거면 돈을 벌 수 있을 줄 알고 열렬히 세일즈에 임했지만 우리 집 창고에는 자석요만 쌓이고 또 쌓였다. 그 밑에다 완두콩을 몇 알 넣은 다음 완두콩 공주를 초청해서 숙박을 제공해도 될 정도로 자석요가 까마득하게 높이 쌓여 있었다. 우리가 살던 동네의 모든 사람에게 신게 할 수 있을 만큼의 황토 양말과, 한꺼번에 가동시키면 혹시 죽은 사람도 벌떡 일어나지 않을까 싶은 저주파 치료기 같은 것도 창고를 차지하고 앉아 있었다. 그 물건들의 값을 누군가는 치러야 했는데, 대학을 갓 졸업한 스물다섯 살의 내가 당첨되리라고는 꿈에도 생각하지 못했다.

당시 나는 영화 시나리오 입봉을 앞두고 있었고, 졸업과 함께 본격적이고 열정적으로 이 세계에 뛰어들리라고 굳게 다짐하고 있던 참이었다. 그러나 부모님이 쭈뼛쭈뼛 내게 털어놓은 부채는, 내가 어디 월급 꼬박꼬박 주는 직장에 취직해서 한 달에 최소 50만 원씩 3년은 송금해야 채워질까 말까 한 액수였다. 당시 아버지는 교회라는 게 매일 출근하는 직장이 아니다 보니, 동사무소의 헬스장을 알뜰하게 이용하고 동네 목사님들과 낮 시간에 볼링을 즐기는 강건한 몸을 지니고 계셨다. 그래서 나는 아버지에게 목사직은 새벽기도 때와 수요일, 일요일에만 바쁘니 어디 경비원으로라도 취직할 수 없겠냐고 애걸복걸을 했다. 그런데 아버지는 팔짱을 낀 채 눈을 굳게 감고는 무겁게 말했다. "나는… 레위인이다!"

대디, 메이 아이 벡 유어 파든? 나는 귀를 의심했다. 레위인이라뇨, 아버지. 그 사람들은 팔레스타인에 있겠죠. 아버지는 경북 영양 출신이면서 레위인이라니, 김녕 김씨면서 무슨 소리야. 성경의 열두 지파가 가나안을 침공

해 땅을 나눠 가지면서 그중 레위 지파만이 아무것도 받지 못했는데, 그들은 토지를 소유하지 못하는 대신 성전의 모든 일을 주관하며 다른 열한 지파가 바치는 제사에서 자신들의 몫을 떼어 가진다. 21세기 한반도에 사는 한국인인 아버지가 지금 자신이 레위 지파라고 주장하고 있는 것이다. 그렇다면 나머지 열한 지파가 그를 먹여살릴 수밖에. 그러나 있는 건 나밖에 없었고, 내가 열한 지파 몫을 감당해야 했다.

어머니는 아버지보단 조금 양심이 살아 있어서 패밀리 레스토랑에서 디시 워셔, 즉 설거지 아르바이트로 일했다. 그러다가 나와 나이가 비슷한 매니저가 자꾸만 업무적으로 괴롭힌다며 고통을 호소했다. 어머니의 불평을 몇 차례 들은 나는 바로 물었다. "그 친구, 이름이 어떻게 돼?" 잠시 침묵이 흘렀다. 어머니는 갑자기 표정을 바꾸더니 고개를 살래살래 흔들며 손사래까지 쳤다. "아니야, 아니야. 사회생활하면서 그냥 당연히 할 수 있는 소리 몇 번 한 거야. 괜찮은데 내가 그냥 힘들다고 불평한 거야. 걔 사실 별말 안 해." "아니, 이름만 좀 알려달라니까?" "아유, 아니야 됐어. 걔는 매니저 지 할 일 하는 거야. 내가 괜한 소리 한 거야." 어머니는 끝까지 문제의 매니저 이름을 가르쳐주지 않았다. 내가 그 애를 찾아가 스테이크 써는 칼로 찔러 죽일 것도 아니건만 절대 함구했다. 아마도 내가 전과자가 되거나 그녀가 어딘가 불구가 되거나 이런 사태가 터질까봐 우려해 절대 함구한 것 같았다. 나는 어머니에게도 그 일 때려치우라고 말하고 취업 사이트를 들락거리기 시작했다.

*

이왕 회사를 다닐 거라면 흥미 있는 분야의 일을 하고 싶었다. 피시 게임을 워낙 좋아해 피시 게임 잡지가 번성하던 시절에 필자를 하기도 했고, 대학 재학 중에도 게임 회사에서 일해 등록금과 생활비를 벌었으므로 자연히 그쪽을 알아보게 되었다. 이력서를 최소 50통은 넣은 것 같은데 연락 오는 곳이 흔치 않았다. 그러다가 중간 정도 규모의 게임 회사에서 연락이 왔는데, 그 회사에 합격한 이후 이른바 에이급 회사에서도 연락이 왔다. 어리숙한 나는 그래도 뽑아준 회사에 충성을 다해야 하는 줄 알고 그 에이급 회사에 면접조차 보지 않았다. 나중에 그 사실을 알게 된 회사 동료들이 죄다 나를 바보 멍청이라고 놀렸다. 언제나 그랬듯이, 정말 바보 멍청이 같은 짓이었다.

어쨌거나 이 회사는 IT 관련 기업치고는 드물게 월급이 단 한 번도 밀린 적이 없는 곳이었는데, 그것은 자동차 부품을 만드는 든든한(그리고 노조를 탄압하기로 유명한) 대기업이 모기업이기 때문이었다. 인천에서 처음에는 너트나 볼트를 주워다 팔면서 맨주먹으로 부품 회사를 일으킨 모회사의 회장은 21세기에 들어서면서 IT 회사를 하나 갖고 싶어졌고, 그래서 편의점 차리듯 뚝딱 우리 회사를 만들어 이복동생을 사장 자리에 앉혔다. '회장님'은 우리의 모든 생활을 지배하고 있었는데, 회장님 집에 인터넷이 안 되면 통신회사에 전화하는 게 아니라 프로그램팀 팀장이 업무를 작파하고 가야 했고, 회장님이 키우는 풍산개의 개집에 온돌을 설치하는 공사를 회계팀 실장이 가서 감독해야 했다.

이 풍산개에는 '개 비서'가 따로 있어서 개를 수행했는데, 이 개는 회장님의 모든 행보에 동행했다. 개는 다리가 네 개나 있으니 걸으면 될 텐데, 가장 젊은 '개 비서'의 역할은 송아지만 한 개가 치와와만 하기라도 한 것처럼 번쩍 안고 회장님이 가는 곳마다 함께하는 것이었다. 저러다 다리가 퇴화되는 것이 아닐까 걱정이었지만 회장님은 어디나 개를 부둥켜안은 비서와 함께 위풍당당하게 출입했다.

내가 입사하기 전에 한번은, 우리가 서비스하는 온라인 게임의 인기순위가 그렇게 높지 않다는 것을 게임회사 최고경영자 모임에 참석했다가 알게 된 회장님이 기세등등하게 사무실로 들이닥쳤다고 한다. 쉬엄쉬엄 노는 자들은 모두 퇴근했고 그나마 성실한 사원들이 남아서 야근을 하고 있었건만, 회장님은 그들을 죄다 일렬로 세워 '빳다'를 쳤다. 열심히 일하고 얻어맞았으니 억울한 것은 당연한 일, 그중 한 사람이 바로 사표를 내던지고 고향인 대구로 낙향을 택했다. 그 소식을 들은 회장님은 바로 기사 딸린 세단을 대구로 보냈다. 그 사원은 결국 세단에 실려 회사로 도로 끌려왔다. 아마도 세단 탑승을 거절했다간 자동차 부품을 온몸에 묶은 채 제물포 앞바다에 던져질까봐 울며 겨자 먹기로 차에 탔던 게 아닐까 싶다. 내게 있었던 일은 뭐든 실명으로 까발리고 써버리는 내가 지금까지 유일하게 쉬쉬하며 글로 쓰는 것을 자제했던 것이 바로 이 회장님의 일이다. 나 역시 자동차 부품을 몸에 두른 채 제물포 앞바다에 잠수할 용기는 없기 때문이다. 지금도 실명을 쓰지 못한다!

*

회장님 존안을 뵌 것은 딱 한 번밖에 없는데, 소주 금복주의 마스코트와 똑같이 생긴 얼굴에 깐 달걀처럼 새하얀 피부로 모공이라고는 하나도 없었다. 내가 살면서 봐온 그 누구의 피부도 회장님의 광채는 넘지 못했다.

미국에 유학 가 있다가 돌아온 그의 아들 역시 아버지의 광채를 물려받지는 못한 것 같았다. 나와 나이가 비슷했던 왕세자, 즉 회장님의 아들은 한국에 돌아와 연예인, 즉 가수가 되려 했다. 아버지를 반만이라도 닮았으면 좋았으련만…. 회장님의 경우 카리스마가 대단했다. 어느 날 회장님은 거래하는 회사에 납품 건으로 방문했다가 직원식당에서 상대 회사의 부사장과 마주쳤다고 한다. 납품하는 우두머리와 납품을 받는 2인자 중 누가 먼저 인사를 해야 할까? 위계가 애매해 팽팽하게 긴장한 채 대치하다가, 결국 회장님은 그 직원식당을 다 때려 부수며 "이 새끼야, 인사 안 해?" 하고 한바탕한 적이 있었다고 한다. 그와 같은 카리스마가 아들에게 있었다면 바로 가요계를 휘어잡고도 남았겠건만, 그런 기운은 후대에 잘 전수되지 않는 모양이다.

솔직히 말해 아무 노래방 문이나 열면 회장님의 아들보다 노래를 더 잘하는 일반인은 얼마든지 많았다. 그러나 그 사실을 회장님에게 아뢸 수 있는 용기를 가진 자는 아무도 없었다. 회장님의 아들은 주로 불륜과 고부갈등이 이야기의 큰 축을 이루는 아침드라마의 삽입곡 몇 곡을 불렀고, 기획팀이었던 나는 회사의 지시로 방송사 사이트에 회원가입한 후 드라마 시청자 게시판에 글을 올려야 했다. 하필이면 누구에게도 용서받지 못하는 불륜 커플이 나오는 순간에만 회장님의 아들 목소리가 구성지

게 흘러나왔다. 나는 이어폰을 낀 채 한 줄 한 줄 적어 내려갔다.

"힘찬(가명) 오빠의 부드럽고 감미로운 목소리가 배경에 깔려서 그런지, 분명히 사회에서 용인받지 못할 사랑을 하고 있는 두 사람의 이야기인 걸 알면서도 아련하고 가슴 아픈 사랑으로 느껴졌어요. 이게 바로 가수의 목소리가 지닌 마법이겠죠? 우윳빛깔 힘찬 오빠의 노래, 좀 더 듣고 싶습니다^-^ 힘찬 오빠 파이팅!"

업로드를 누른 후 나는 몇 분간 자기혐오에 잠겨 꼼짝도 하지 못했다.

뿐만 아니라 모든 계열사 직원들은 아침에 출근하면 모든 업무를 작파하고 네이버 검색창을 켜서 왕세자의 이름을 50번씩 입력하고 엔터를 누르는 것이 가장 시급한 임무로 주어졌다. 물론 그런 일을 전문으로 하는 회사도 끼고 있었겠지만, 자신이 사용할 수 있는 '인적자원'을 요만큼도 낭비하지 않겠다는 회장님의 태도에서 맨손으로 볼트와 너트나 줍다가 한국 100대 기업에 들어가는 회사로 키워낼 수 있었던 비결이 조금은 보이는 듯도

했다. 나는 왕세자가 아주 엄격한 기획사에 들어가 "공기 반, 소리 반으로 목소리를 내라니까! 넌 왜 그렇게 못 알아들어. 잘하는 투수는 잘 던지는 게 아니고 심장이 큰 투수인데, 인마, 너는 심장이 생기다 말았냐? 왜 이 모양이야" 하고 혹독한 연습생의 길을 걷길 바랐다.

그러나 회장님은 언제나 나보다 높은 곳을 바라보는 분이었다. 어차피 하고 많은 자회사, 회장님은 엔터테인먼트 기획사를 하나 설립했다. 그 회사의 사장은 왕세자였고, 소속 가수도 오직 왕세자 한 사람뿐이었다. 그때쯤 그는 텔레비전에 다른 재벌집 자식들과 출연해 "엄친아"라는 말을 머쓱한 듯 웃어넘기며, 부모님이 엄격하셔서 미국 유학생활을 할 때도 관광가이드를 하며 스스로 벌어 썼다고 말했다. 우리는 모두 콧등으로 웃었다. 네가 잘도 그랬겠다…. 아니, 니네 아버지가 잘도 그렇게 놔두셨겠니? 구라를 쳐도, 얘가.

아드님이 충분히 '붐업'되지 않는 것이 갑갑했던 회장님은 빅 이벤트를 준비했다. 그건 바로 왕세자가 고아원에 6억 원을 기부하고 하루 가서 아이들과 놀아주는 것이었다. 아들이 사람들의 눈에 띄도록 하기 위해서 600만 원도 아니고 6억 원을 하루에 쓸 수 있는 스케일이라니, 이건 웬만큼 노련한 갬블러의 심장으로도 쉽게 할 수 없는 짓이 아닌가! 역시 회장님은 스케일이 다르다고 나는 몹시 탄복했다. 그러나 그 사건은 엄친아의 미담 정도로 간단히 소개되고 별로 붐업이 일어나지는 않았다.

그러다가 그는 마침내 유명한 작가의 신작 주말드라마 주제가를 부르게 되었는데, 아마 왕세자의 실력이라기보다는 분명히 뭔가 굉장한 회장님의 기름 부음이 있고도 남았을 것이었다. 이 사실을 우리는 아무도 입 밖에 내지 않았지만 머릿속으로는 그 기름칠에 돈이 얼마나 들었을까 혀를 내둘렀다. 레위인을 자처하는 나의 아버지와 6억 원이라는 돈을 하루에 아들을 위해 녹여버리는 왕세자의 아버지는 하늘과 땅 차이였다. 완전히 '부자 아빠와 가난한 아빠'의 실사판을 보는 심정이었다. 아마 회장님은 자석요나 황토 양말 따위에 절대로 속지 않을 것이다.

 왕세자가 시디를 출시하자마자 곤란한 일이 기하급수적으로 늘어났다. 어느 날 이런 업무 지시 메일이 왔다. 출근하자마자 네이버 검색창에 그의 이름을 50번씩 쳐야 하는 것은 물론이고, 모든 음원 스트리밍 사이트에 매일 출근하자마자 접속해 그의 노래를 재생해야 했다. 임원들은 잽싸게 그 드라마 주제곡으로 벨소리를 바꿨다. 덕분에 회의가 열렸을 때 전화벨이라도 울리면 모두 자기 전화기인 줄 알고 들여다봤다가 머쓱하게 내려놓곤 했다. 그러면서 "노래가 참 좋아요, 허허허" "그러게 말입니다" 하고 순식간에 터지는 비눗방울처럼 별 의미 없는 대화를 나누었다.

 음원 스트리밍 사이트 이용 다음은 시디를 사야 했다. 회사에서도 최소한의 양심은 있었는지 그걸 우리 돈으로 사라고 강요하진 않았다. 시디를 산 다음에, 그 시디 영수증은 사정상 증빙자료로 이용할 수 없으므로 증빙이 될 만한 음식점 영수증 같은 것으로 시디 값을 채워 제출하라는 거였다. 직원들은 주말에 한 외식 영수증을 애타

게 찾거나 간이 영수증이라도 얻으려고 노력하기 시작했다. 나는 왜 이 짓을 해야 하나, 도무지 알 수가 없었지만 혼자 나서서 "저는 관심도 없고 노래도 싫으니 안 사겠습니다!"라고 할 만한 용기는 없었다. 제물포 앞바다에 빠질 용기는 없었고 어떻게 뭉개고 넘어가면 구렁이 담 넘듯 할 수 있지 않을까 싶어 미적미적거리고 있었다.

그때는 내 분노 게이지도 점점 높아져 있었기 때문에 누군가가 왜 음반을 안 사냐, 빨리 사야 되지 않냐, 하고 재촉하면 소리라도 지를 자신이 있어서 내심 누군가 건드려주기만을, 한 놈 걸리기만을 늑대처럼 도사린 채 기다리고 있었다. 미친개처럼 짖을 준비가 얼마든지 된 채로 그르렁거리고 있는데, 하필이면 이쑤시개처럼 마른 경영기획팀 팀장이 흔들흔들 나에게 다가오고 있었다.

그는 예전에 내가 회사 탕비실에서 뭘 데우다가 시간을 너무 오래 설정해 전자레인지를 폭발 직전까지 태워먹었을 때 엄청 고생한 사람이었다. 출동한 소방관들에게 사과를 해서 도로 소방서로 보냈던 것도 그였고, 타는 냄새가 난다고 항의하러 내려온 같은 빌딩 사람들에게 일일이 찾아가 아무 일도 아니라며 죄송하다고 꾸벅꾸벅 사과한 것도 그였다. 그가 그렇게 꼬챙이처럼 마른 까닭에는 여러 가지 요소가 있었겠지만, 나 역시 두어 사람 몫은 했을 것이다. 특히 이게 무슨 냄새냐고 따지는 타 회사 직원들에게 허리를 깊숙이 굽혀 사죄하는 그의 모습을 보며 나는 큰 빚을 진 기분이었다. 아니, 빚을 졌다. 그리고, 마침내 그 빚을 상환해야 할 때가 왔다. 팀장은 내 파티션을 그냥 지나쳐 가지 않고 이렇게 물었던 것이다.

"현진 씨, 시디 아직 안 사셨던데요…."

나는 말했다. "핫! 핫! 핫! 업무가 너무 많아서 깜빡 잊어버렸네요. 어서 사야죠! 잠시만 기다리세요."

그래서 나도 결국 시디를 사고 여기저기서 주섬주섬 영수증을 얻어 증빙자료로 제출했다. 그리고 회사는 우리에게 시디 값 상당의 '식권'을 지급했다. 다들 분개하며 회장님과 왕세자를 향한 증오를 불태웠지만, 그들은 우리처럼 하찮은 사람들의 증오 따위야 어마 뜨거라 정도도 눈치 채지 못할 사람들이었다.

*

나를 일 나가라고 등 떠민 레위인 아버지와 아들이 마음대로 해먹을 수 있는 회사를 차려주고 하루에 6억 원을 통 크게 쏠 수 있는 왕세자의 아버지는 과연 같은 아버지라고 말할 수 있을까. 내가 영화 시나리오 작가의 꿈이 하루하루 낙엽처럼 시드는 걸 바라보면서 자리에 앉아 드라마 시청자 게시판에 "힘찬 오빠 노래가 드라마 다 하드캐리한다"라는 시시한 글을 끄적이고 있었을 때, 왕세자는 보이스 트레이닝이라도 받고 있었을 것이다. 사실 내게 가난이란 어릴 때부터 불편할 것도 이상할 것도 없는 그저 일상생활이었고 숨을 쉬는 공기와도 같은 것이었다. 그러다 처음으로 자식에게 다 퍼붓는 부모를 구경한 것이다.

그렇지만 다행히 그가 별로 부럽지는 않았다. 회장님은 자식을 남자답게 키운답시고 얼마든지 '빳다'를 칠 수 있는 사람이었고, 차려준 연예기획사도 만약 성과가 너무 없으면 "이렇게까지 판을 깔아줘도 도대체 왜 제대로 된 일이 안 일어나!" 하고 화낼 수 있는 사람이었다.

하지만 회장님은 그렇게까지 하지 않았다. 얼마 전 검색해보니 왕세자는 아직도 못 뜨고 있었다. 음반활동이 성공적이지 않으면 그가 "아아, 나의 재능이란… 이 정도밖에 안 되는 것인가!" 하며 비통에 젖어 괴로워하기라도 하길 바랐는데, 인스타그램에서 발견한 왕세자는 여전히 명랑하고 즐거운 하루하루를 보내고 있었다. 그는 돈을 벌 필요가 전혀 없으니까. 자본주의 사회에서 돈을 벌지 않아도 된다는 건 얼마나 큰 축복인가! 예전보다 훨씬 나이 든 그의 얼굴은 여전히 해맑았다.

회사에 재직할 당시, 나는 진심으로 그가 히트를 치길 바랐다. 말 그대로 얼른 '뜨길' 바랐다. 그래야 우리가 50번씩 네이버 클릭을 안 하고 멜론이니 어디니 돌아다니면서 스트리밍 버튼을 누르지 않아도 될 것 아닌가. 그런데 회사를 나온 지도 한참 된 지금에야 '얌마, 넌 뜨면 안 돼' 하는 생각이 스멀스멀 나를 사로잡았다. 너는 그렇게 잘사는 데다 물심양면 지원을 아끼지 않는 아버지가 있는데 네가 뜨기까지 하면 이 세상이 너무도 공평치 못하잖니. 딱 네 인스타그램처럼, 느긋하고 여유 있게 그렇게 살아. 돈 안 벌어도 되는 입장인데 거기다 성공까지 하려고 하지 말고, 옥장판으로 도배한 열선 깔린 개집에서 사는 풍산개들과 사이좋게 지내면서, 딱 고 정도로만 평화롭게 살아줘. 그럼 안녕, 힘찬.

당신의 깨끗한 피

풍산개의 지위가 나보다 높은 회사에 다니는 것이 즐겁지는 않았지만 늘 즐겁지 않았던 것만은 아니고 가끔씩은 즐거운 시간도 있었다. 가족을 내가 택할 수 없는 것과 매우 비슷하게도, 같은 회사 동료 역시 내가 선택할 수 없는 공동체 식구들이다. 심지어 실제 가족들과 보내는 것보다 훨씬 오랜 시간을 같이 보내야 하니, 또 하나의 가족인 셈이다. 최소 하루 아홉 시간, 야근이나 밤샘이라도 하면 열대여섯 시간까지 같이 보내야 하니 이게 가족이 아니면 뭐겠는가. 자신이 고를 수 없다는 점까지도 똑같다.

나는 기획팀에서 시나리오와 게임 디자인을 맡았는데, 나보다 한 살 아래의 아주 가부장적인 부산 남자아이가 군대를 가는 대신 사회복무요원으로 우리 회사에 입사했다. 내 옆자리에 앉은 그는 노골적으로 나를 무시하는 반면 대리님과 팀장님에게는 한없이 부드럽고 순종적으로 굴었다. 메신저 네임에 '미야모토'(〈슈퍼 마리오〉 등 여러 명작 게임의 개발자)라고 써놓은 그는 게임에 아주 큰 뜻과 야망을 품고 있는 청년인 것 같았고, 나를 보고는 아마 여자가 무슨 게임을 아나, 싶어 코웃음을 치며 무시하기로 작정한 것 같았다. 내가 비록 그 당시 유행하던 〈월드 오브 워크래프트〉 같은 게임에서 달리면서 뒤를 돌아보지도 못하는 '발컨'이긴 했지만, 피시 게임 잡지 필자도 꽤 했었고 대학 재학 중에도 패키지 게임을 몇 차례 작업해본 경력이 있으니 천둥벌거숭이 같은 신입 직원에게 무시당할 만큼은 아니었다.

  나는 처음에 녀석이 너무 재수가 없어 화가 머리끝까지 몇 번이나 치밀었지만, 아예 작전을 바꾸기로 했다. 녀석의 이름을 철수라고 하자. 철수가 들어오면 시럽처럼 달달한 목소리로 "우리 철수 지금 왔어어어어? 여기 누나가 커피 사다놨어" 하며 세상에서 제일 반갑게 인사를 했다. 회의를 할 때면 "역시 우리 철수가 하는 이야기가 독창적이에요, 그렇죠? 철수가 정말 보기 드물게 뛰어난 인재예요" 하고 추임새를 넣었다. 또 점심을 먹을 때도 맛있는 반찬이 있으면 철수 접시 위에 놓아주며 "우리 철수 많이 먹고 건강해~ 철수가 우리 회사의 보배잖아" 하며 마음에도 없는 소리를 잔뜩 해댔다.

이 마음에도 없는 소리는 열렬하게 계속되었는데, "우리 철수, 우리 귀여운 철수, 그래 그래, 철수 뭐가 궁금해?" 하며 말끝마다 예쁘고 귀엽다며 거짓말을 마구 했다. 그런데 어느 순간부터 그게 진실이 되어버렸다. 정말 철수가 예쁘고 귀엽게 느껴진 거였다. 철수 역시 가식이건 진실이건 일단 예쁨을 늘 차고 넘치게 받다 보니 "네" "아니요" 하던 뻣뻣한 태도를 버리고 "누나" 하고 부르며 때로 속내를 드러내고 고민을 털어놓기도 했다. 그래서 철수와 나는 무슨 일이 있으면 둘 다 애주가인 바람에 번데기 한 접시에 소주 한 병 놓고 우리 회사와 한국 게임의 미래, 뭐 그런 거창한 것들에 대해 몇 시간씩 이야기를 나누기도 했다. 철수와는 자주 만나지 못하지만 지금까지도 돈독한 사이를 유지하고 있다.

*

철수 외에도 우리 기획팀은 모두 좋은 사람들이었다. 우리 네 사람은 짝짜꿍이 잘 맞았다. 김 대리님은 운영팀 직원과 조금 일찍 사내 결혼을 해 아이를 낳았는데, 어느 날 김 대리님이 얼굴이 새하얘져서 사무실을 이리저리 돌아다니며 뭔가를 묻는 광경을 보았다. 나는 마침 오랜만에 가게 된 다음 날 휴가 생각에 헤벌쭉 웃고 있었다. 내일 늦잠 자고 도서관에서 빌려온 책을 잔뜩 읽으면서 집에서 삐대야지…. 그때 김 대리님이 절박한 표정으로 나를 붙잡고 간절하게 물었다.

"현진씨, B형이죠?"

당시에는 사람들이 혈액형에 대한 속설을 꽤 믿던 시절이었다. 이를테면 A형은 소심하고, B형은 대범하고, O형은 원만하며, AB형은 4차원이라는 식이었다. 대리님의 표정에는 '플리즈, 넌 분명히 B형이어야 돼, 넌 딱 B형 같잖아' 이런 문장들이 적혀 있었다. 그러나 아쉽게도… 나는 A형이었다. 창백해진 얼굴로 돌아서는 대리님을 붙들고 자초지종을 물어보니, 아이가 조산으로 태어나 수혈이 필요한데 B형, 그리고 술과 담배를 하지 않는 21세 이하의 남자가 필요하다는 거였다. 도대체 그런 남자가 어디에 있담? 그게 가장 이상적이지만 하다못해 혈액형이 일치하는 사람이라도 찾으려고 평소 전형적인 B형처럼 보이는 내게 희망에 가득 차 찾아온 것이었다. 대리님은 힘없이 돌아섰지만 나는 대리님의 어깨를 붙들고 수혈을 못하면 어떻게 되느냐고 물었다.

대리님은 대답하지 않았지만 진하게 먹구름이 낀 것 같은 표정을 보고 나는 '이거 아마 큰일이 나겠구나' 하는 생각이 들었다. 그때부터 나는 열렬히 전화를 돌리기 시작했다. "21세 이하, B형, 술·담배 안 하는 남자가 필요해." 나의 간단한 주문에 다들 내가 반응했던 것과 똑같은 대답이 돌아왔다. "야, 그런 남자가 세상에 어디 있냐?"

그랬다. 마치 유니콘을 찾아 그 뿔을 갈아서 아이에게 먹여야 한다는 주문을 받은 듯한 기분이었다. 나는 '일반인' 친구들에게도 일일이 연락을 넣고 '블루 오션'을 노려보기로 했다. 술 안 마시고 담배 안 피우는 21세 이하의 B형 남자가 존재할 수 있는 거의 유일한 집단이 하나 있는데 그건 '여호와의 증인'이었다. 그들이 얼마나 청결하게 사는지 알고 있었으므로 거기에 희망을 걸었다.

물론 여호와의 증인은 수혈을 하지 않지만, 내 주위 여호와의 증인들은 아깝게도 집총거부로 옥살이까지 한 후 배교한 녀석들이었다. 게다가 그들은 안쓰럽게도 기껏 용기내어 배교를 했건만 몸에 붙은 정결한 생활방식(이를테면 술과 담배를 하지 않는다거나)을 버리지 못하고 있었으므로, 깨끗한 피를 노리고 있는 나의 목적에 꼭 들어맞는 제물들이었다.

피 같은 휴가였지만, 나는 여호와의 증인 말고도 온갖 건너 건너의 인맥을 다 동원해 모은 21세 이하의 B형 남자들을 대방동 헌혈의 집 앞에 대기시켰다. 적합성 판정이 나올 때까지 차례차례 아이들을 들이대볼 생각이었다. 첫 번째 타자가 도착했다. 그는 군복을 입고 있었다. 내가 아는 남자는 아니었고, 친구의 친구의 친구가 어제

나이트에서 부킹을 한 남자였다. 휴가를 나온 말년병장이라 술기운이 남은 채 부대로 복귀해선 안 되기 때문에 어제는 그저 춤만 추며 재미있게 노는 데 의의를 두었고, 담배는 원래 피우지 않는다고 했다. 아마도 선행을 하고 싶어서라기보다는 친구의 친구의 친구에 대한 호감으로 여기에 와준 것 같았지만, 어쨌든 고마운 일이었다.

여호와의 증인들을 위시해 몇 사람의 B형 남자들이 헌혈의 집에 모여들었고, 병장 청년이 가장 먼저 적합성 테스트를 받았다. 헌혈의 집 관계자는 환한 얼굴로 딱 좋다고, 이거면 충분하다고 말했다. 아기에게 수혈하기 위해 피를 좀 많이 뽑았으니 몸보신을 잘하라고 했다. 대기하고 있던 여호와의 증인 등의 예비군들은 피를 뽑히지 않고 무사히 집으로 돌아갈 수 있었다. 나는 근처 식품점에서 화려한 열대과일들을 사서 그에게 건네며 고맙다고 90도로 인사를 했다. 그는 어린 아기를 도울 수 있어서 오히려 다행이었다며 약간 휘청거리는 걸음으로 멀어져 갔다. 아무래도 피를 뽑긴 좀 많이 뽑은 모양이었다.

대리님이 걱정 근심을 지우개로 싹 지운 듯한 환한 얼

굴로 내 손을 붙잡고 몇 번이나 흔들더니 물었다. "그런데 어떻게 아는 친구예요?" 나는 대답했다. "별로 아시지 않는 게 좋을걸요…." 대리님은 현명한 사람이다. 나에게 더 이상 묻지 않았다. 그의 입장에서는 뭐 범죄자라도 좋으니 21세 미만 술·담배를 하지 않는 B형 남자의 청결한 피를 구한 것만으로 이미 대만족이었다.

그렇게 하루 휴가를 날려버리고 다음 날 출근했는데, 대리님의 아기가 위기를 넘겼다는 소식이 사무실에 알려지자 이사 한 명이 활짝 웃으며 내 책상 앞으로 다가왔다. 게임 회사는 게임 테스트도 해야 하고 훌륭한 게임을 해보는 것이 업무이기도 하기 때문에 거의 모든 사람이 사무실에서 이어폰을 끼고 일을 한다. 그래서 5, 60명이 크지 않은 사무실에 조밀하게 모여 있는데도 바늘 하나 떨어지는 소리까지 들릴 만큼 모두가 이어폰으로 귀를 틀어막은 채 늘 절간처럼 조용하다. 이사는 내 어깨를 몇 번씩 두드렸다. "어제 큰일 했다며? 김 대리 애가 이젠 위기를 넘겼다던데. 정말 잘했어. 수혈을 해서 얼마나 다행이야? 현진 씨 친구가 수혈을 해줬다며? 어떻게 아는 친구야?"

이어폰을 낀 사람들의 귀가 쫑긋해지는 것이 느껴졌다. 그 친구의 정체는 밝히지 않는 것이 좋지 싶어서 대강 웃음으로 능치며 넘어가려 했다. 그런데 이사는 대답을 들을 때까지 내 자리에서 뭉갤 생각인 것 같았다. 몇 번이나 되풀이해서 묻는 바람에 나도 별 수 없이 사실대로 대답하고 말았다. 다들 이어폰을 끼고 있어 고요한 사무실에 내 목소리가 커다랗게 울려 퍼졌다.

"친구의 친구의 친구가 간밤에 나이트에서 부킹을 했습니다."

순간 이사의 표정은 뭐라 말할 수 없이 미묘한 표정으로 바뀌었고, 이어폰을 꽂은 채 안 들리는 척하고 있던 사람들 사이에서 쿡, 하고 웃는 소리가 났다. 이사는 "어어, 그래 그래. 잘했어" 하고 대강 말을 잇고는 사라졌고 나는 정적 속에서 뭔가 굉장히 민망했다. 하지만 친구의 친구의 친구가 어제 나이트에 가서 놀았던 것도 다행이고, 부킹을 했던 것도 다행이지 않은가. 친구의 친구의 친구가 어제 나이트에 안 갔더라면 아이의 목숨을 보장

할 수 없었을 테니 나이트 간 건 참 잘한 일이었다. 아이는 다행히 그 군인을 어질어질하게 만들 만큼 듬뿍 뽑은 피를 얻어 목숨을 건졌고 무사히 돌잔치까지 치를 수 있었다. 잔치에 참석하자 아이의 할아버지, 즉 대리님의 아버지가 나에게 허리를 굽혀 인사를 하시고는 내 손을 붙잡고 아주 정중하게 말씀하셨다. "정말 감사합니다. 덕분에 우리 손녀가 살았습니다."

네, 제 친구의 친구의 친구가 뭘 했는지는 모르는 게 좋으실 거예요….

그 말년병장 청년을 생각하면 감사한 마음이 뭉게뭉게 피어오른다. 내가 사다 안긴 과일을 들고 비척비척 걸음을 옮기던 청년, 지금은 뭘 하고 살고 있을까? 아직도 나이트를 즐겨 갈까? 이름도 모르고 '친구의 친구의 친구가 나이트에서 부킹한 남자'로만 알고 있는 그는 내가 아무 사심 없이 순수하게 행운을 빌어주고 싶은 몇 안 되는 인물이다. 어디에서 무엇을 하든 행복하길. 당신의 깨끗한 피, 참 고마웠어요.

안 마셔욧

 와, 이 사람 글 참 잘 쓴다, 싶은 사람이 있었다. 매달 갚아야 할 학자금 대출과 대학 졸업 후의 진로에 대해 머리가 부서지도록 고민하고 있던 스물세 살 무렵, 도대체 앞이 보이지 않아 맥주 캔을 한캔 두캔 따다가 발견한 글이었다. 명민하면서도 재치가 있고, 냉소적이었지만 인간의 슬픔 같은 것을 잘 알고 있는 사람이구나, 하는 생각이 들어 몇 번이나 고쳐 읽었다.

 그쯤에서 그쳤으면 좋았을걸. 술기운은 웬 이상한 용기를 발동시켜 글 말미에 나와 있는 그의 메일 주소로 개발새발 팬레터인지 넋두리인지 플러팅인지 복잡하게 뒤섞인 헛소리를 적어 보내고야 말았다. 글 잘 보았다, 언제 소주라도 한 잔 하지 않겠느냐, 내가 사겠다, 뭐 이런 술이 깨고 나니 부끄럽기 짝이 없는 메일이었다.

이런 하찮은 주절거림 따위 그가 무시해버렸으면 좋았을걸, 그는 내게 답메일을 보냈다. 그리고 무례한 내 글월을 읽고 얼마나 자신이 불쾌감을 느꼈는지 또박또박 설명했고, 자신에게 이런 제안을 하는 여성(남성)이 도대체 얼마나 많은 줄 알고나 있는지, 남들보다 아주 조금 더 눈에 띄는 위치에 있다고 해서 사람들 때문에 얼마나 이렇게 피곤한 고통을 겪고 있는지 네가 아느냐고 물었다.

술이 깬 나는 정신이 확 들었다. 나는 그 사람만큼 유명하지는 않았지만 잠깐 반짝 화제가 되었을 때 황당한 제안, 혹은 부탁을 받았던 적이 꽤나 있었다. 적어도 요즘처럼 웹으로 신상을 탈탈 터는 시대는 아니었기 때문에 다소 다행이었을까. 어쨌건 나 역시 비슷한 짓을 당하고 오래도록 불쾌했으면서 다른 사람에게 똑같은 짓을 하다니, 창피하고 죄송하고 면구스러웠다.

그래서 회신 버튼을 누르고 한 글자 한 글자를 고심하며 메일을 썼다. 어제는 술이 과했는데 선생님의 글에서 뭔가 공감을 느껴 그런 무례한 메일을 보냈습니다, 저 말고도 여러 사람에게 시달리실 거라는 생각을 어리석게도 미처 하지 못했습니다, 불쾌감을 드린 점 무척 반성하고 있습니다, 앞으로도 독자로서 조용히 응원하겠습니다, 뭐 대강 이런 내용의 반성문이었다. 아니, 그런데 순식간에 또 답메일이 도착했다. 내가 사과 메일에 또 뭔가 잘못한 점이 있나 달달 떨면서 메일을 클릭해보니 상상조차 하지 못한 답신이었다.

"그래서, 우리 소주는 언제 마시죠?"

안 마셔욧! 준엄하게 야단을 칠 때는 언제고 소주는 무슨 소주? 그렇게 나는 그를 까맣게 잊어버렸다.

*

그 메일 사건으로부터 딱 5년이 지난 때였다. 그가 어느 매체에서 대장으로 일하고 있다는 것은 자연히 알고 있었는데, 그곳에 글을 몇 번 청탁받은 후 스태프들에게서 연락이 왔다. 이번에 에디터를 새로 뽑으려고 하는데 혹시 도전해볼 생각이 있느냐는 거였다. 마지막에서 두번째로 근무한 회사에서 한 달에 한 번 나오는 사외보를 담당하면서 잡지를 만든다는 일은 월초에 한 3일 쉬는 것 말고는 휴식 없이 모든 시간과 영혼을 쏟아부어야 하는구나, 라는 것을 깨달은 지금 같으면 아주 정중히 사양했겠지만 당시에는 잡지 일이 얼마나 힘든지 전혀 알지 못한 데다, 빽다 치는 회장님이 만든 회사에서 썩고 있던 신세라 뭔가 새로운 일을 한다는 것에 반짝반짝 관심이 갔다.

  게다가 그 회사 건물은 우리 회사 바로 옆에 있어 종종 직원들끼리 그 회사 구내식당에서 점심을 먹곤 했다. 당연히 3층짜리 우리 회사보다는 으리으리한 건물이었고, 저쪽으로 출퇴근을 해보고 싶다는 생각이 들어 선임 에디터에게 지원해볼 의향이 있다고 말했다. 나는 잘만 되면 드디어 남들에게 보란 듯이 저 이런 데 다닙니다, 하는 명함을 줄 수 있겠구나 싶어 살짝 흥분했다. 물론 그 대장은 나를 기억하지 못하겠지. 소주 한 잔 하자는 메일에 대노한 답메일을 보내고 내가 죄송하다고 납작 엎드리자 그럼 소주는 언제 마시냐고 했던 습자지 같은 인연.

어쨌건 서류는 순조롭게 통과되었고 이제 그 대장과 모든 에디터들까지 모여 넓은 회의실에서 면접을 볼 차례가 남았다. 아무래도 딱딱한 곳이 아니다 보니 감색 정장 같은("저 취업하려고 합니다!"라고 써 있는 듯한) 옷차림을 하지 않는 게 좋을 것 같았다. 그래서 내가 아끼는 흰색 원피스에다 조그만 진주목걸이를 한 줄 걸었고, 너무 힐이 높거나 모양새가 요란하진 않지만 또각또각 경쾌한 소리가 울리는 하이힐을 신고 면접장에 도착했다.

모든 에디터들이 배석한 가운데 그는 나의 이력서, 자기소개서, 샘플 원고 등을 심각한 얼굴로 한창 뒤적거리고 있었다. 내가 회의실에 들어가 "처음 뵙겠습니다" 하고 인사를 하자 인사를 받는 그의 표정은 무슨 산업폐기물을 보듯 혐오스러운 시선이었다. 그러더니, 그는, 내가 준비해간 서류들을 공중에, 휙, 하고 죄다 화려하게 날려버렸다! 아니, 이건 뭐지?!

*

새하얀 A4 용지들이 하늘하늘 공중을 날아다니는 가

운데, 나는 생각했다. 아니, 이런 건 드라마에서나 보는 일인 줄 알았는데 실제로 내게 일어나다니! 아깝다! 다른 사람에게 일어난 일이라면 더 크게 웃었을 텐데! 그렇게 평생 본 적도 없는 상황에 처해 나는 장승처럼 우뚝 선 채 어쩔 줄 몰라 하고 있었다. 수석 에디터를 흘끔 바라봤지만 그도 당혹스런 표정을 짓고 있는 것으로 보아 이런 상황을 예측하지 못한 것 같았다.

아니, 내가 뭐가 그렇게 모자라나. 물론 모자라지, 많이 모자라긴 해. 그렇지만 내 신상이 담긴 서류를 공중에 날려버릴 만큼 모자란 인간은 아닌 것 같은데…. 뭐, 그런 생각을 했지만 화가 나지는 않았다. 그저, 아니 이 사람은 웬 또 드라마 킹이람? 하고 너무 어이가 없어서 금방이라도 푸하하하, 하고 웃음이 터져나올 것 같았다. 그래서 나는 고개를 숙인 채 실망스럽고 슬픈 척하며 웃겨 죽을 것 같은 본심을 최대한 감추려고 갖은 노력을 했다. 그는 내 인생이 담긴 종이들을 한바탕 날려버린 후, 역시나 전형적인 드라마 킹의 어조로 순식간에 나를 면접에서 탈락시켰다.

"마음에 안 들어, 마음에 안 들어, 마음에 안 들어. 이 화려한 이력서, 갖은 경력, 근사한 포트폴리오, 그리고 마치 미스 강원처럼 예-쁜 그 얼굴. 마음에 안 들어!" 그 예쁘다는 말은 절대로 칭찬이 아니었다. 오히려 경멸에 가까웠다. 뭐랄까, 계집 냄새 풍기지 마라, 이런 경멸이 묻어나왔다고 할까. 예쁘다는 말을 이토록 모욕과 경멸을 담아 할 수 있는 사람이 있다는 것에 나는 깜짝 놀라 생각했다. 역시 세상은 넓고도 넓고 나는 아는 게 너무나도 없구나.

뭐, 어쨌든 제일 높은 사람 마음에 안 든다는데 어쩌겠는가. 그야말로 광탈이었다. 자리를 소개해준 에디터들에게 그저 미안할 따름이었다. 내 이력서도 마음에 안 들고, 경력 기술서도 마음에 안 들고, 포트폴리오도 마음에 안 드는 데다, 낯짝까지 마음에 안 든다니. 별 수 없지. 가방을 챙기고 있는데, 갑자기 드라마 킹이 말했다.

"얘만 빼고, 다 나가봐."

얘는, 저 말씀이십니까? 그렇게 마음에 안 들어 죽겠다면서, 이건 또 뭐지? 이미 자리를 떠날 채비를 다 한 나는 다소 당황했다.

에디터들이 다 나가고 드라마 킹과 나만 남았다. 드라마 킹은 나를 빤히 쳐다보더니 영화 〈이상한 나라의 앨리스〉에 나오는 체셔 고양이 같은 미소를 지으며 말했다.

"왜, 미스 남원이 아니고 미스 강원이라, 속상해?"

와, 방금 진짜 나도 모르게 이 아저씨 때릴 뻔했네. 가방 손잡이를 그러쥔 손에서 하얗게 힘줄이 튀어나왔다. 뭐라는 거야? 미스코리아 대회를 공중파에서 안 한 지가 언젠데. 그리고 미스 남원이 어떻고 미스 강원이 어떤지 그 차이를 내가 어떻게 안담. 게다가 에디터들을 다 내보내고 한다는 질문이 고작 이거야? 어쨌든 이미 면접이고 뭐고 신나게 파토가 난 상황에 저 사람과 신경전을 할 필요가 없으니 나는 자리에서 일어나 핸드백을 고쳐 메고 대답했다.

"아뇨, 미스 강원이든, 미스 남원이든, 분에 넘치는 말씀입니다. 여러모로 대단히 감사합니다." 나는 회의실을 뒤로 하고 또각또각 걸어 나갔다. 그리고 그 회사 건물이 보이지 않는 곳까지 걸어간 다음에야 나는 배를 잡고 웃음을 터뜨렸다.

당시 나이 차이가 많이 나는 남자친구와 사귀고 있었는데, 면접 결과를 묻는 전화가 걸려 왔길래 "거기 보스는 내가 너무나 마음에 안 들고 미스 강원 같다는데요?"라고 했더니 그는 몹시 분개했다.

"아니, 그 사람 참 이상한 사람이네. 도대체 무슨 소리를 하고 있는 거야?"

"그렇죠? 이상한 사람이죠?"

"말이 되는 소리를 해야지. 역대 미스 강원들 봐라. 얼마나 하나같이 인상들이 순한데. 너랑은 완전 달라!"

나는 전화를 딱 끊어버렸다. …이놈이고 저놈이고 내 편은 없어, 없다고!

*

그러나 이후에도 역시 나는 삶에 대해서도, 면접에 대해서도 잘 모르고 있었다. 10년 정도 지난 후, 열 살쯤 어린 아끼는 동생에게 이 이야기를 했더니 동생이 말했다.

"우와 언니 멋지네요! 가오 짱! 그렇게 면접 자리를 됐다, 안 한다, 하고 먼저 박차고 나가다니요!"

나는 진심으로 어리둥절했다.

"안 한다고 한 적 없는데…? 면접 자리를 박차고 나가긴 누가 박차고 나가? 거기서 나 잘린 거잖아? 나 마음에 안 든다고 정면에서 그러면서 서류 뿌리는데 그거 아예 처음부터 잘린 거잖아? 그래서 잘린 줄 알고 나간 건데, 아니야?"

동생은 경악했다.

"언니, 바보 아니에요? 압박 면접이란 말 안 들어봤어요? 그럼 그렇게 유명한 회사에서 순조롭게 응, 너 경력 좋구나, 그래 합격! 그럴 줄 알았어요? 다 기죽이려고 서류 뿌린 거잖아요! 다른 사람들 왜 회의실에서 나가라고 했겠어요! 그때부터 1:1로 면접 시작되는 거잖아요! 나는 언니가 그 따위 직장 관심 없고 너 같은 상사도 관심 없다고 그 자리에서 벌떡 일어나서 나간 줄 알고 멋있는 줄 알았잖아요!"

"어… 아니야? 그런 거…? 잘린 줄 알았는데…."

"언니 멋있는 게 아니고 그냥 바보구나!"

그런가. 내가 바보였던 걸까. 다른 친구에게 그때 일을 설명했더니 친구 역시 내가 바보라는 것에 동의했다.

"그 사람 아마 그랬을걸? 어, 이제 면접 보려고 하는데… 나가버렸어…. 집에 갔어. 아예 가방 들고 가버렸어…. 그랬을걸?"

진실이야 뭐 영원히 알 수 없지만, 그러거나 말거나 한 점 후회도 없다. 잡지 마감 때가 되어 내가 원고를 써서 출력해가면 "마음에 안 들어, 마음에 안 들어, 마음에 안 들어" 하면서 공중에 흩뿌렸겠지. 나도 내가 마음에 들지 않지만 매달 남에게서 그렇다는 확인을 받고 싶지는 않다. 부디 잘 사시라.

어떤 남자의 이메일

10여 년 전, 어떤 사건을 겪었을 때 그 순간 나는 내가 페미니스트가 아니었더라면 얼마나 좋았을까, 하고 머릿속으로 쥐가 나도록 생각했다. 한 마디로 남자 문제였는데, 사실 이건 남자 문제라고 할 만큼 대단한 것도 아니고 정말로 사소한 일이었다.

당시 나는 상수동에 있는 어느 카페에서 일을 하고 있었다. 붙박이로 가게를 지키며 일한다는 것은 지겹고 약간의 폐소공포증을 유발한다는 것 외에도 내가 보고 싶지 않은 사람이 나를 보러 왔을 때 피할 수 없다는 치명적인 단점이 있었다. 어느 패션지에서 청탁한 원고를 쓰면서 담당 기자와 죽이 잘 맞아 실제로 만나도 즐겁겠다는 생각이 들었던 사람이 있었다. 남자 기자였고 딱 그 정도의 호감이었다. 내가 운수노조 박종태 열사 유가족 돕기 바자회를 조그맣게 열었을 때 그가 도움을 주면서 실물을 만나게 되었는데, 그렇게 몇 번 마주치면서 이야기도 잘 통했고 대화하는 게 무척 즐거웠다. 옥상에서 담배를 피우면서 그는 나에게 어떻게 사는 것이 꿈이냐고 했다. 나는 꿈이라고 대단하게 품어본 적은 없다고, 그저 죽을 때까지 글 쓰면서 살 수 있으면 좋겠고 돈이 없으면 어디 땅뙈기에 감자라도 심어서 그걸 먹으면서 자족하고 안빈낙도하면서 사는 게 꿈이라고 했다.

한참 생각에 잠긴 그는 곧 결혼한다고 했다. 솔직히 호감이 느껴지는 사람이었기 때문에 아쉬운 마음이 아주 조금은 있었다. 하지만 부러진 연필심만큼도 안 되는 아쉬움이었다. 게다가 결혼을 앞둔 남자한테 뭘 어쩌겠는가. 내게는 얼굴 모르는 여자라도 여자끼리의 의리 지키기, 남의 것 건드리지 않기, 그 정도의 원칙은 있었다. 그의 결혼은 이미 날까지 잡아서 식만 올리면 되는 단계로 일이 진행되어 있었고, 그의 아버지는 오랫동안 사귄 연인과 합치는 아들의 혼인을 몹시 기다리고 계신다고 했다. 축하한다고, 잘 사시라고 했다. 무슨 말을 더 하겠는가. 그게 다였다. 나는 그 일을 금방 잊어버렸다. 아직 젊었고, 재미있는 일과 마실 술이 쌓여 있었다.

그날인가, 그다음 날인가. 엄청나게 긴 이메일이 와 있었다. 스크롤을 60cm는 내려야 할 만큼 길고 지루한 메일이었다. 그 남자에게서 온 거였다. 감자나 캐며 안빈낙도하며 살고 싶다는 나와는 다르게, 그의 결혼 상대는 열심히 노력하여 좋은 직업도 가지고 있고 나보다는 세속적인 삶을 야무지게 가꿔나갈 의지가 큰 타입인 모양이었다. 그런 말들을 줄줄 늘어놓으며 그는 당장이라도 이걸 깨고 당신과 함께 감자를 가꾸겠다는 결심을 하지 못하는 못난 자신이 싫다, 뭐 어쩌고저쩌고 그런 말을 늘어놓았다.

기가 막혔다. 야, 원고나 이만큼 길게 써보시지. 한 마디로 모든 면에서 야무지고 괜찮은 여자와 결혼을 앞둔 남자의 메리지 블루marriage blue에 이용당한 것 이상도 이하도 아니었다. 너절한 자아도취였다. 그 메일을 삭제하면서 그 남자를 내 마음속에서도 깨끗이 삭제했다. 뭐 이런

놈이 다 있어. 네 싸구려 감상에 나를 동원하지 마. 으아, 기분 더러워. 로열티나 내놓으시든가.

하지만 기분 더러울 일은 한참이나 더 남아 있었다. 카페에 출근해 테이블을 닦고 장사할 준비를 하는데 총명하게 생긴 어떤 여성이 들어와 나를 찾았다. 무슨 일이시냐고 묻는데 뒤쪽에 어물거리고 있는 그 남자가 보였다. 그가 엉거주춤 따라 들어와 당황스럽게도 삼자대면이라는 것을 하게 되었다. 나는 죄 지은 것도 없건만 죄 지은 기분이 들어 어찌할 바를 몰랐다.

이야기를 듣자 하니, 그 남자가 메일을 쓴 다음 창을 닫지 않아 그녀가 그 메일을 모두 읽었다는 것이었다. 총각 시절 최후의 감정 장난질에 흠뻑 빠져 있는 자뻑 그 이상도 이하도 아닌 일에 멀쩡한 여자가 둘이나 동원되어 시간 낭비, 감정 낭비를 하고 있는 꼴이었다. 그 메일을 읽었다면 우리가 아무 사이가 아니라는 것은 알 수 있었을 것이다. 바람을 피우기는커녕 그냥 감자 캐고 어쩌고 그런 싸구려 감상에 젖은 이야기를 주워섬긴 것뿐이고, 아무 액션도 대화도 일어나지 않은 것을 그녀도 분명히 아는 것 같았다. 그녀는 그 메일을 몇 번이나 읽었다고 했고, 한 번이라도 정독했으면 그냥 그 남자가 혼자 쇼한 거라는 걸 모를 수가 없었다.

그러나 그녀의 얼굴에는 울분이 가득했다. 아마 차라리 내가 정말로 그 남자에게 꼬리를 쳤거나 무슨 사고가 일어났거나 하면 나에게 물이라도 끼얹고 따귀라도 때릴 수 있었겠지만, 그녀도 비슷한 직종에 종사하는 사람이었기 때문에 그 메일을 읽었다면, 기본적인 문해력이 있다면, 그 남자가 삽질한 거라는 걸 모를 수 없었을 거였다.

하지만 밀랍처럼 창백한 그녀의 얼굴을 보면서, 어떤 생각이 번개처럼 머릿속을 스쳤다. 아, 이 사람이 뭔가 진실을 따지려고 여기에 온 게 아니구나. 그녀는 시시비비를 가리려고 여기 온 게 아니었다. 아, 이 사람이 여기에 온 건 분을 풀고 싶어서구나, 화내고 싶어서구나, 하는 생각이 들었다. 그리고 뒤이어 의문이 떠올랐다. 페미니스트라면 이런 경우에 어떻게 해야 하는 것일까? 그 질문은 그때 나에게 이런 의미였다. 기본적으로 같은 여자끼리 돕고 살아야 한다고 생각할 때, 어떻게 해야 이 여자가 가장 타격을 입지 않을까? 저 여자는 나를 돕고 싶지 않다 하더라도, 내가 지금 그녀에게 해줄 수 있는 일이 있지 않을까?

생각을 하자, 생각을 해보자. 머리에 쥐가 났다. 지금 여기 갑자기 찾아와서 뭐하는 짓이냐고, 나는 네 남자에게 관심이라곤 하나도 없을 뿐더러 술 한 잔 같이 마신 적도 없고 손끝 하나 스친 적도 없다고, 그 읽느라 지겨운 메일을 받은 것도 아주 불쾌해 죽겠고 답장도 하지 않고 지웠다고, 곧 결혼한다면서 민폐 안 끼치고 다니게 남자 간수나 똑바로 하시라, 그렇게 말할까 하는 생각도 들었다. 그렇게 말하는 건 너무 쉬운 일이었다. 그리고 그게 다 진실이기도 했다. 하지만 그 말을 차마 할 수 없었던 건, 창백한 그녀의 표정을 보았을 때 이미 그걸 모르고 있는 게 아니라는 확신이 들었기 때문이다. 똑똑한 사람이니까, 그런 거 다 알면서 온 거였다.

좋지도 않은 머리를 애써 팽팽 굴렸다. 날까지 잡았다니 엄청난 이변이 없는 한 분명히 두 사람은 결혼할 터였다. 아마 이 정도 해프닝 때문에 그녀가 결혼을 안 하지는 않을 거였다. 그렇다는 건, 지금 여기 내가 있는 곳을 알아봐서 쫓아온 건, 결혼을 안 하고 싶어서가 아니라 문제를 내 탓으로 돌려서 결혼을 하고 싶었기 때문일 거였다. 거기까지 머리가 돌아가자, 내가 같은 여자로서 해줄 수 있는 건 그녀가 생각하고 싶은 대로, 나를 쌍년으로 생각해서 듬직한 내 신랑감이 잠깐 정신이 돌았다고 생각하도록 해주는 게 가장 큰 일이라는 생각이 들었다.

정말 미안할 짓을 한 기억이라곤 요만큼도 없었지만, 나는 그저 죄송하다고 말했다. 그녀는 더 할 말이 없느냐고 물었다. 나는 폐가 많았다, 정말 죄송하다고 다시 말했다. 하나도 죄송하지가 않은데 죄송하다고 말하는 건 쉽지 않았다. 억울했다. 네 애인 저거 완전 미친놈이라고, 혼자 제 감정에 젖어 여러 사람 지금 바보로 만들고 있다고 말하고 싶어 입이 근질근질했지만 그녀는 나를 화냥년으로 만들고 자기 남편 될 사람을 순진한 총각으로 만들고 싶어 여기 온 거니까, 어차피 결혼할 사람들이고 같이 살면서 그녀가 두고두고 열 받지 않도록 마음대로 생각하게 내버려두자, 싶었다. 어차피 멍청이 같은 남자와 결혼할 사람은 내가 아니니까 그 정도는 여자끼리 의리상 해줄 수 있는 게 아니겠는가.

그녀는 얼굴이 더욱 창백해져서 자리에서 벌떡 일어났다. "제가 더 할 말이 없네요" 하고 말한 그녀는 일어나 카페를 나갔고 남자는 그녀를 따라 쫓아나가지 않고 나를 바라보며 어물거렸다. 나는 야멸차게, 그리고 실은 엄청나게 짜증이 나서 "뭐하고 있어요? 빨리 쫓아나가지 않고!"라고 그에게 소리쳤다. 뭔가 더 말하고 싶은 듯 계속 미적대길래 "빨리 아내 될 사람 쫓아가요!" 하고 거의 떠밀 듯 카페에서 내쫓아버렸다. 모든 사람들이 나에게 억울하지 않느냐고, 왜 그 바보가 혼자 삽질한 거라고 말하지 않았냐고 나를 천치 취급했다. 나 역시 내가 천치처럼 느껴져 한참 이를 악물고 있었지만, 카페 사장님 한 분만 "잘했다, 잘했다" 하시며 어깨를 두드려주었.

그때 내가 어떻게 했어야 하는지 아직도 모르겠다. 그 짧은 시간에 머리를 쥐나도록 굴리면서 했던 생각은 내가 '외부의 악' 역할을 하자는 거였다. 지금 다시 생각해보니 예쁘고 똑똑하고 야무진 분 같은데 그런 멍청이 같은 놈과 결혼하지 말라고 해주는 게 맞는 것인지도 모르겠다는 생각이 든다. 그 이후로 둘의 소식을 들은 바는 없다. 둘은 잘 살고 있을까. 잘 살고 있었으면 좋겠다. 그 남자가 더는 바보 멍청이 같은 짓을 안 하고 좋은 남편 노릇을 했으면 좋겠고, 그녀가 결혼생활에서 이루고 싶은 것들을 다 이루어서 그 일들로 너무 분주한 바람에 나 같은 사람의 일은 떠올릴 틈도 없이 바쁘고 행복하게 살았으면 좋겠다. 나로 말할 것 같으면… 잘 모르겠다.

3부

아버지와
나

장례식 풍경

아버지가 돌아가신 지 얼추 8년이나 지났다. 환갑도 못 넘기시고, 급성 간암이었다. 병원에 입원하기 바로 일주일 전만 해도 동사무소에서 운영하는 헬스클럽에서 열심히 운동을 하며 건강 상태 체크를 받았을 때 신체 나이가 40대라고 나왔던 아버지였다. 그러나 간이 침묵의 장기이긴 한 모양이었다. 젊은 시절 그토록 고려대에 가고 싶어하셨는데 그 꿈을 못 이루시고는 기어코 고려대 대학원에 십 몇 수를 해서 입학한 그이는 원서대만으로도 아마 큰돈을 썼을 것이다. 목사였던 아버지는 교인들을 지도하기 위한 역량에 필요하다며 상담심리를 전공했고, 만만치 않던 대학원 등록금을 마련하기 위해 암보험을 깼다. 모든 것은 주님이 알아서 채워주신다며 암보험을 깬 다음, 암으로 돌아가셨으니 웃을 수도 없고 그저 기만 막혔다.

그렇지만 기막혀 할 틈도 몇 분 주어지지 않았다. 환자의 심장 박동이 멈추는 것을 알려주는 기계가 냉정하게 아버지가 세상을 떠났음을 알려주자 네 자매의 막내인 어머니는 이모들과 끌어안은 채 울음을 터뜨렸고, 나는 눈물도 흘릴 틈 없이 장례지도사의 강권에 지하에 있는 사무실로 끌려갔다. 정신을 차리고 보니, 방금 나는 부친을 잃었는데 그 부친을 어떻게 할 것인지 노련한 장례지도사와 협상을 하고 있는 중이었다.

가시는 분 마지막 길은 그래도 보기 좋게 꾸며드려야 하니 꽃장식은 어느 정도 해야 되지 않겠느냐, 관은 어느 정도 '급' 이상으로 해드려야 유가족들도 마음이 편한 법이다, 영정에도 어떠어떠한 장식이 있는데 당연히 하셔야 한다, 수의를 최고급으로 해야 좋은 곳에 가신다…. 마침 교회 건물 등기 과정을 아버지가 생전에 잘못하셔서 내가 월 150만 원이라는 우스운 월급을 받으면서 몇 년간 악착같이 보탠 3,000만 원도 같이 날리게 된 마당에 우리가 아버지에게 최고급 수의를 어떻게 입힌단 말인가. 그래서 나는 보험이나 학원 등 뭔가를 팔려고 하는 사람들에게 바보처럼 되풀이하면 끝내 먹히는 그 한 마디를 계속했다. "돈 없어요."

어머니가 소복 같은 건 입고 싶지 않다고 하셔서 우리는 그것도 생략했다. 그냥 검은 옷을 입을 예정이었다. 결국 아버지의 초라한 영정에는 꽃장식 하나 없이, 양초 두 개만 놓였다. 각종 장식 항목을 쥐고 있다 그냥 구겨버린 장례지도사는 잠시 한숨을 쉬더니 목소리를 낮추어 내게 말했다.

"원래 이렇게는 말씀을 잘 안 드립니다만, 목사님들 중에는 형편이 어려우신 분들이 계시잖아요? 그분들은 굳이 수의 안 맞추시고 생전에 설교할 때 입던 양복을 입으시는 분들도 계십니다. 있으면 한 벌 가져오세요."

우리 가족을 아무리 찔러도 별로 돈 될 게 나올 게 없어 보이니 나름 팁을 준 모양이었다. 나는 그의 충고를 기꺼이 받아들여 잽싸게 오토바이를 타고 집에 가서 아버지의 양복을 가져와 무사히 염을 마쳤다.

나는 무남독녀 외동딸인데, 당시 물론 남편도 없었다. 딸밖에 없는 일반적인 가정에서라면 사위에게 상주 역할을 시키거나 촌수가 한참 먼 사촌동생이나 조카에게 상주를 맡기든가 해서 딸들이 열을 받는 경우가 많다고 들었다. 다행히도 아버지의 친척들은 경상북도 영양이라는 산골 깡촌 분들이었지만 내가 얼마나 성질이 더러운지 아는 분들이었기 때문에 자연스럽게 내가 상주를 맡았다.

그런데 장례 과정에서 예기치 못한 충돌이 있었다. 아버지는 목사님이면서도 뭔가 이상한 미신 같은 걸 믿었는데, 기독교인은 화장을 하면 안 된다고 평소에 늘 주장했다. 부활을 해야 되는데 화장을 해버리면 부활할 육신이 남아 있지 않게 된다는 거였다. 나로 말할 것 같으면 하나님의 권능이 고작 그 정도를 극복 못 하겠느냐는 생각이었고, 어머니는 힘만 닿는다면 아버지의 뜻대로 해주고 싶었지만 우리 형편엔 매장할 돈이 없어 화장을 한 후 수목장을 할 수밖에 없었다.

그래서 그 수목장을 어디에 하느냐가 쟁점이 되었는

데 총 여덟 명의 영양 사투리를 시끄럽게 떠드는 아버지의 형제자매들이 오랫동안 타향에 나가 산 아버지를 고향에 쉬게 해야 한다고 목이 터지도록 주장했고, 어머니는 얼굴이 창백해진 채 목사 사위를 그토록 보고 싶어 해서 막냇사위를 그렇게 아낀 장모 옆이 맞지 않느냐고 조그맣게 웅얼거린 후 화장터 대기실을 나가버렸다. 경상도 사투리로 좁은 대기실에 온갖 분노가 들끓었고 나는 뒷골이 아파오기 시작했다. 너무나 뒷골이 지끈거리는 나머지 대기실을 뛰쳐나가 테이크아웃 커피전문점에 가서 종이컵을 몇 개만 달라고 간절히 부탁했다. 나는 컵을 몇 개 받아다 아버지 쪽 친척들에게 나눠 준 후 나름대로 엄숙하게 말했다.

이렇게 슬픈 날 서로 다툼이 일어나서 참 유감이다, 그렇지만 이 다툼이 일어난 것은 어떻게 보면 저희 아버지를 모두가 사랑하기 때문에 곁에 두고 싶어서 일어난 것이 아니겠느냐, 다들 저희 아버지를 사랑하기 때문에 이런 충돌이 일어났으니 실은 이것은 참 감사한 일이다, 사이가 나쁜 형제자매였다면 서로 맡기 싫다고 뻗대면서 싸울 수도 있는데 이 얼마나 복된 집안인가! 그래서 내가 복안을 마련했다, 여기 컵들을 하나씩 받으시라, 다행히 매장을 해서 팔다리를 하나씩 잘라야 하는 것도 아니고 화장을 해서 뼛가루는 얼마든지 있으니 이 컵에 원하는 만큼 우리 아버지를 덜어서 각자 원하는 곳에 수목장을 하여 아침저녁으로 저희 아버지를 기억해주는 것이 어떻겠냐? 이것이 모두에게 공정한 일이라고 생각하는데 여러분 생각은 어떠시냐? 저희 아버지를 이토록 사랑해주어서 참 몸 둘 바를 모르겠다!

빈 컵을 든 친척들은 잠시 멍하니 서 있다가 내게 잠깐만 기다리라고 하고 화장터 대기실을 나갔다. 나는 아버지가 타고 있는 용광로를 하염없이 바라보았다. 잠시 후, 친척들이 돌아왔다. 그들은 뭐라 알 수 없는 표정으로 말했다.

"저기, ○○이가 생전에 장모님한테 그렇게 사랑을 받았으니까 그냥 장모님 옆에 있는 게 어떨까 싶구마…."

그럼 그러시든지요. 나는 고개를 까딱했다. 불같이 성을 내며 동생이 고향으로 가야 한다며 주장하던 저들이 왜 저렇게 생각이 바뀌었는지 도통 알 수 없는 노릇이었다. 뭐, 내 알 바 아니었다. 그렇게 나는 서른도 되기 전에 아버지 없는 사람이 되었다.

작별의 맛

 어머니는 하필 쪽지에다 "아빠 청국장 통에 있다"라고 써놓았고, 나는 '아니, 아무리 죽었다지만 청국장 통이라니 좀 너무한 거 아냐' 하고 생각하면서 청국장 통에 든 아빠를 내가 준비한 예쁜 병에 옮겨 담았다. 아빠가 이 통에서 다른 통으로 새하얗게 떨어져 내렸다. 빈 청국장 통을 물로 씻는데, 아직까지 통에 남아 있던 아버지가 물 위에 둥둥 떠올랐다. 순간 아버지의 가루를 그냥 씻어 내야 하나 혼란스러웠다. 이 한 줌도 안 되는 가루도 아버지인데. 이대로 통을 헹궈버리면 아버지를 수챗구멍으로 밀어넣는 것만 같은 기분이 들어 고민하다가, 나는 그 통을 들어 아버지가 섞인 물을 단숨에 마셨다. 아버지를 하수구에 버릴 수는 없었다. 그렇게 아비지를, 아주 약간

내 몸에 매장한 셈이었다. 내가 아버지의 무덤이었다. 아버지와의 마지막 작별은 석회 맛이 났었다.

수상한 실장

아버지가 돌아가셨을 때, 나는 애써 상황을 긍정적으로 보려 애썼다. 차갑게 보면 어차피 내가 먹여살려야 할 입이 하나라도 줄었으니 그리 유능하지 못한 딸 입장에서는 감사한 일일 수도 있었다. 병원에 입원하자마자 20일 만에 돌아가셨으니, 우리가 그를 보낼 마음의 준비는 채 되지 않았으나 몇 년씩 가망 없이 병원에 누워 치료비로 집안이 풍비박산하지 않을 수 있었던 것도 냉정하게 생각해보면 감사한 일이었다(이미 우리 집은 다단계라는 걸로 산산조각이 나 있는 상태였지만). 20일 간의 입원비와 수술비는 은퇴 후 이스라엘 성지 순례 여행을 위해 저축하고 계시던 작은이모부가 그 돈을 흔쾌히 내주셨다. 역시 감사한 일이었다.

엄마와 나는 둘이 되었다. 그러나 곧 을씨년스러울 정도로 고요했던 우리의 일상에 남자 한 명이 요란스럽게 등장했다. 그의 직업은 깡패, 자세히 말하자면 '용역깡패'였다.

*

몇 년 전 아버지는 작은아버지와 자금을 합쳐 지금의 교회 건물을 구입했었다. 1층은 교회 용도, 2층은 주거 용도로 지어진 건물이었고 지하는 취사가 겨우겨우 가능하긴 했지만 인간이 주거하기에는 다소 곤란한 모양새를 하고 있었다. 부모님은 한동안 내가 인근에 얻어드린 월세방에 계시다가 내가 회사를 그만둔 후 결국 교회 지하로 들어오셔서 셋이 함께 지내게 되었다. 내가 그 지하에 혼자 지내던 시절 친구들은 나를 장난삼아 '암굴왕'이라고 부르곤 했다. 그만큼 햇볕 들어올 창문 하나 없고 곰팡이가 창궐하는 곳이었다.

작은아버지와 함께 융자를 받아 교회 건물을 구입한 후, 작은아버지고 아버지고 할 것 없이 형편이 어려워졌다. 작은아버지와 작은어머니는 끊임없이 새로운 사업 아이템을 구상하다가 망하고 또 망했고, 작은아버지는 알코올의존증에 걸려 늘 폭음을 하며 거리를 돌아다니거나 집에 온통 먹고 마신 걸 토해놓곤 했다. 그러면 요 모조모로 불쌍한 것은 나의 아버지였는데, 작은어머니는 김씨 집안 사람들은 다 왜 이러냐며 신경질을 아버지에게 냈고, 아버지는 제수씨에게 허리를 숙여 보이면서 정신 못 차린 동생을 건사하고 집 안의 토사물을 수십, 수백 번이나 치웠다. 하필이면 아버지와 작은아버지는 한 콩깍지에서 나온 콩처럼 닮은 바람에 동네에는 저 교회 목사가 알코올중독이라는 억울한 소문이 퍼졌다. 정작 아버지는 평생 입에 술이라고는 대본 적이 거의 없었는데도. 그런 이가 간암으로 세상을 뜨다니 웃기는 일이다.

그때쯤 부모님은 회사를 그만둔 내게 이제 집에서 떨어져 살 이유가 없으니 들어와 사는 대신 전세금을 좀 빌려달라고 했다. 나는 그 요청을 (멍청하게도) 승낙했다. 200만 원도 안 되는 월급을 받고 일했기 때문에 내가 모은 돈이라고 해봤자 3,000만 원 정도밖에 안 되었지만,

그 돈을 송금해드린 날 부모님은 나를 붙잡고 준엄하게 말씀하셨다.

"너, 이게 그냥 우리 생활비 보태거나 하는 게 아니라 교회 전세금에 보태는 거야. 하나님에게 헌금하는 것이나 마찬가지다. 어차피 네가 받을 복을 하늘 창고에 쌓는 거야. 그러니까 추호도 우리에게 생색낼 생각하지 마라. 나중에 하나님이 다 갚아주시니까."

뭐 알았수다, 하고 그 자리에서는 일어났지만 일이백만 원도 아니고 새파란 청춘을 저당 잡혀 만든 돈이었으니 내가 좀 더 생색내도 좋았겠건만, 부모님의 이야기는 지금 한 마디로 네 돈이 꼭 필요하긴 한데 그걸 네가 내놨다고 우리에게 생색낼 생각은 하지 말라는 거였다. 뭔가 불공평했다. 무기한 무담보 무이자 대출로 다른 사람이 피땀 흘려 번 돈을 가져가면서 싫은 소리도 안 듣겠다니, 공정하지 않았다.

그렇지만 나는 입을 꽉 다물고 싫은 소리를 하지 않았다. 그게, 어쩐지 그 돈이 내 손을 떠나서 부모님의 계좌에 꽂히는 순간 다시 돌아오지 않으리라는 예감이 들었기 때문이다. 그리고 불행하게도, 이런 경우 내 예감은 언제나 들어맞았다. 작은 돈이건 큰돈이건 늘 그랬다. 안녕, 내 20대에 사무실 CRT 모니터 앞에 앉아 기를 쓰고 번 돈들이여. 안녕, 안녕.

*

어떻게 된 일일까. 나는 자세히는 모르지만 우리 건물이 완전히 상가도 아니고 완전히 가정집도 아닌 어떤 특수성이 있어서 특별한 등기를 해야 했는데, 아버지가 생전에 그냥 단순한 형태의 등기를 했기 때문에 그게 효력이 없는 것 같았다. 그리고 작은아버지 부부가 번번이 그놈의 "끝내주는 사업 아이템"을 가지고 일을 벌이느라 사업 자금을 마련하기 위해 교회 건물을 저당 잡혔고, 돈을 갚지 못해 결국 건물이 넘어갔는데, 아버지가 생전에 해놓은 등기로는 우리 몫으로 해둔 지분을 보호받지 못한다는 것 같았다. 그래서 결국 우리도 돈 한 푼 건지지 못하고 시원하게 쫓겨나게 생긴 거였다.

흐하하. 너무 황당할 때는 울음보다 웃음이 나왔다. 그래, 어차피 내 전세금 그 돈, 내 주머니로 도로 돌아오지 않을 것 같았어. 하늘 창고에 있다니 나한테 도로 올 리가 있겠어. 부모님 주머니로 한 번 들어간 돈이 나한테 도로 들어오는 꼴을 본 적이 없는데 내가 뭘 기대했냐, 흐하하. 거하게 한 번 헌금했다 치자, 하고 나는 아무도 없어 을씨년스러운 집 앞 놀이터에서 발을 힘차게 굴러 공중으로 날아올랐다. 그것으로 그 돈을 벌기 위해 회사에서 삼켰던 온갖 쓴맛을 꿀꺽 삼켜 잊어버리기로 했고, '완전히'라고 한다면 거짓말이겠지만 그런대로 초연해져서 당시 하고 있던 녹즙 배달 일과 대학원 수업에 매진했다. 그런데 아버지라는 한 남자가 엄마와 나의 인생에서 나간 대신 다른 남자 한 사람이 들어왔다. 그것도 날이면 날마다.

어느 날 녹즙 배달을 마치고 집으로 돌아와 잠깐 쉬고 있는데 누가 문을 쾅쾅쾅, 하고 두드렸다. "누구세요?" 하고 나가서 문을 열어보니 날카로운 인상의 젊은 남자가 서 있었다.

"안녕하세요, @!#@$!!@! 에서 나왔습니다."

남자는 어디서 나왔다는 건지 잘 알 수 없게 발음을 대강 뭉개 말했다. 30대 초중반 정도일까. 다부진 체격에 매서운 눈빛을 한 이 남자는 뭔가 만만치 않다는 느낌이 확 왔다. 이야기를 들어보니 우리가 당장 갈 데가 없어서 일단 계속 뻗대고 살고 있는 이 교회 건물이 부동산 경매에서 또 다른 교회에 낙찰되었는데, 이 남자는 그 교회가 리모델링 시공을 맡긴 회사에서 고용한 사람이었다. 그러니까, 즉 '용역깡패'였다. 교회에서 고용한 용역깡패라….

그가 지금 여기 온 이유는 공사에 들어갈 수 있게끔 우리를 하루라도 빨리 내보내기 위해서였다. 용역깡패라면 농성장에서나 접했던 나는 이런 종류의 일을 하는 용역깡패가 나와 직접적으로 연관된 것은 처음이라 살짝 긴장했다. 그는 존말 반말을 섞어가며 "그러니까 언제 나갈 거냐"라고 슬슬 목소리를 높이기 시작했다. 요즘 용역깡패는 옛날과는 사정이 다른 모양이었다. 소위 '깍두기'라고 불리는 머리 모양에 기지바지 양복을 걸치고 있지도 않았고, 뜻밖에도 배우 이병헌을 꼭 닮은 잘생긴 용모와 세련된 차림을 하고 있었다.

나는 원래 무뚝뚝하고, 안면 인식 장애가 있고, 마음에 없는 말을 못 한다. 이 세 가지 단점을 22개월에 걸친 녹즙 배달을 통해 상당히 고쳤는데, 이 습관 교정의 결과가 빛을 발한 것이 바로 이 용역깡패와 대화할 때였다. 상대를 겁주는 데 무척 익숙해 보이는 그가 눈을 부릅뜨며 내게 도대체 언제 나갈 거냐며 목소리를 높이려고 할 때, 나는 두 손을 모아 잡고 〈슈렉〉의 고양이처럼 눈망울을 그렁그렁하게 했다.

"선생님, 저희 때문에 심려가 너~무 많으시지요…."

아수라장과 절규, 울음, 난리통에 익숙해 보이는 그는 이런 경우에는 면역이 돼 있지 않은지 말을 더듬거렸다.

"아, 저기, 그, 그게…"

"저희도 경매가 끝났으니 하루라도 빨리 비워드려야 한다는 것 잘 알고 있어요. 저희 사정 알아주실 필요는 없지만 저희는 등기가 잘못되어서 전 재산이 날아갔지 뭐예요. 가뜩이나 아버지 돌아가신 것도 얼마 안 되는데 어머니가 건강을 해치실까봐 너무너무 걱정이에요…. 제가 지금 이리 뛰고 저리 뛰면서 빨리 비워드릴 수 있도록 열심히 알아보고 있어요. 정~말 죄송하지만 조금만 더 기다려주실 수 없을까요? 정말 최대한으로 애쓰고 있어요, 선생님…."

'저는 바로 얼마 전 아버지를 여의고 말았답니다' 하는 촉촉한 눈을 하고 그를 바라보자 용역깡패는 머리를 긁적거리며 당황했다. 그러더니 갑자기 "고인의 명복을 빕니다" 하고 인사를 꾸벅하여 나도 "감사합니다" 하고 마주 인사를 했다. 허리를 도로 세운 그는 더듬더듬 말했다.

"여자 두 분이 살 집 찾으려면 힘 많이 드시겠어요. 그래도 좋은 집을 찾으셔야죠. 제가 또 연락드리겠습니다. 여기 제 명함입니다. 그리고 따님 전화번호 좀 주시죠. 연락드릴 일이 있을 수 있으니까요. 아, 그리고 부디 힘내세요."

나는 명함을 받아 들고 그에게 살펴 가시라고 인사를 했다. ○○건설 실장이라고 찍혀 있는 걸 보니 틀림없이 용역깡패라는 확신이 들었다. 나라는 여자, 용역깡패에게 힘내서 열심히 살라고 격려받은 여자.

그 후 그는 숱하게 전화를 걸어왔다. 그때마다 나도 피하지 않고 언제나 그의 전화를 받았다. 그 대화는 일종의 왈츠 같았다. 그가 "집 좀 알아봤어요?" 하면 내가 "어머, 실장님, 안녕하셨어요. 정말 죄송해요, 아직 못 빼드려서." 그러면 그가 "아니, 도대체 기다리기 시작한 지가 언젠데 ○○일까지는 빼주셔야 되는 거 아닙니까? 너무하시네." 그러면 내가 "정말 죄송해요, 실장님. 지금 상황이 얼마나 곤란하실지는 정말 잘 알아요. 그런데 혼자되신 어머니 모시고, 없다시피 한 돈으로 단칸방이라도 구하는 게 정말 쉽지가 않네요…" 하면 이쯤에서 그는 다음에 걸겠다고 하고 전화를 끊었다.

결국 내게 자꾸 휘말리는 것이 짜증났던 것인지 그는 엄마를 공략하기 시작했고, 엄마는 화나게 하려는 그의 작전에 완전히 넘어가 거의 눈물을 흘릴 정도로 흥분해 깡패 새끼가 집에 와서 시비를 걸었다며 분을 감추지 못했다. 나는 차분히 실장에게 전화를 걸었다.

"어머 실장님, 집에 오셨었다면서요, 수고스럽게. 저한테 전화를 주시지 그러셨어요. 저희 어머니 지금 뒷목 잡고 쓰러지셨는데 원래 젊었을 때부터 심장이 안 좋으세요(거짓말이다, 심장 튼튼하시다). 안 그래도 지금 사별한 지 얼마 안 되셔서 정신적 충격이 심하신데, 너무 강하게 말씀하셔서 어머니가 흥분해서 쓰러지시기라도 하면 무슨 일이 일어날지 몰라요.

그래서 실장님, 정말 부탁인데요. 저는 아직 젊고 튼튼하니까 하실 말씀 있으면 부디 저한테 해주세요. 욕설이든 위협이든 윽박지르든 뭐든 좋으니까요. 어차피 이사가는 것도 다 제가 알아서 하는 일이고요. 말하자면 어머니 말고 제가 실무자예요. 이러다가 정말 저희 어머니 쓰러지셔서 반신불수라도 되면 달랑 식구 둘 남은 집에 비극이 연달아 닥치게 되잖아요. 아무리 생판 모르는 남의 집이라 하더라도 실장님이 그런 일이 일어나길 바라는 분은 절대 아니라고 제가 그런 느낌을 받았거든요. 저는 그런 분이라고 봤어요…. 실장님, 제가 틀린 걸까요?"

빨리 건물에서 나가달라고 청산유수 같은 말솜씨를 자랑하던 그는 그날 처음으로 조용해졌다. 그리고 어떻게 된 일인지 그다음부터는 전화가 잠잠해졌다. 네가 자꾸 전화하면 우리 엄마 심장마비로 죽을 거고 그건 네 책임이다, 하는 유치한 협박이 워낙 심각하게 말하니 진짜 같았던 모양이었다. 엄마에게도 그 실장 전화는 절대로 받지 말 것을 단단히 당부해두었다.

그 후 우리는 어찌어찌 겨우 이사를 했다. 물론 그는 더 이상 연락해오지 않았다. 그때 나를 협박하려다 실패한 용역깡패는 이제는 현역이 아니고 책상 앞에 앉아 있는 관리직이 되었을까? 아직도 운동은 열심히 하는지…. 그가 엄마를 울린 것은 이가 갈리지만, 용역깡패는 인간이 어느 순간에서라도 웃을 수 있는 존재라는 것을 내게 알려주었다. 하나님이 계신다면 그해 하나님이 그에게 맡기신 몫의 '용역'은 내게 그 사실을 알리는 것이었는지도 모르겠다.

서러운 날의 꿈

 교회 건물이 상가 건물이냐 아니냐 하는 것으로 설왕설래가 많다가 결국 건물이 경매에 넘어갔다. 내가 보탠 돈이나 부모님이 넣은 금액도 거의 건지지 못하고, 엄마와 나는 짐을 거의 다 버리고 그나마 전세가 저렴한 동네의 방 두 개짜리 집으로 이사를 했다. 이제 나는 홀어머니를 모시는 입장이었고, 나이도 서른에 가까웠다. 말하자면 이제 어른 노릇을 해야 할 때가 온 거였다. 마음 같아서는 쓰고 싶은 글만 쓰면서 살아가는 전업 작가가 되는 것이 평생의 꿈이었지만, 하루아침에 남편을 잃고 황망한 모습이 되어 있는 어머니를 보고 있자면 남들처럼 좋은 직장 갖고, 괜찮은 남편 잡고, 어디 나가서 꿀리지 않는 딸이 되는 것이 효도인 것만 같은 생각이 자꾸만 바늘처럼 뾰족하게 마음을 찔러왔다.

그때 우리가 이사 간 집의 주인 할아버지는 좀 희한한 사람이었다. 자신이 소유한 자그마한 4층짜리 빌라를 어찌나 눈동자처럼 아끼는지, 매일같이 쓸고 닦을 뿐만 아니라 1층에 있는 소규모의 인쇄소에 풀방구리에 쥐 드나들듯 온갖 참견을 했다. 하지만 건물주이다 보니 인쇄소 직원들은 싫어도 싫은 티를 못 내고 한참을 떠들고 싶은 만큼 떠드는 할아버지를 견딜 수밖에 없었다.

가장 짜증스러운 것은 밤 10시만 넘으면 현관을 안쪽에서 잠가버리는 것이었다. 바깥 열쇠까지 일일이 지니고 다니기가 쉽지 않았고, 전화를 해서 엄마에게 문을 열어달라고 부탁해야 했다. 그러다가 휴대폰까지 꺼진 날이면 집에 들어갈 방법이 요원했다. 차라리 현관에 카드 키를 설치하자고 부탁한 적도 여러 번 있었지만, 카드 키가 방범 면에서 더 취약하다며 주인 할아버지는 단호하게 거절했다. 정말 너무나도 귀찮았다.

인근에 자그마한 구민센터가 있었는데, 주인 할아버지는 매일 새벽 경로우대가로 목욕을 하러 갔고 나는 나

태해져 있다가 살이 좀 쪄서 운동을 하러 갔다. 그러다가 어머니를 생각해 서울시 소재의 공기업에 시험을 쳤고, 경쟁률도 높고 신입사원으로 들어가기에는 나이도 많아 합격할 거라곤 꿈도 꾸지 않았는데 최종합격을 하고 말았다. 회사원 적성은 아니지만 적성 맞아 회사 다니는 사람이 어디 있나. 일단 그때는 뛸 듯이 기뻤다. 드디어 번 듯하게 어른 노릇을 하면서 어머니를 편히 모시게 되었다고 생각했기 때문이다. 이제 운동을 하긴 하되 바빠 움직여서 얼른 출근을 해야 했다. 늘 자신의 주변에서 일어나는 일을 면밀히 살피는 주인 할아버지가 그런 나의 변화를 놓칠 리 없었다.

어느 날 퇴근해서 물먹은 솜처럼 축 처져 집에 들어오는데 주인 할아버지가 요즘 뭘 하느냐고 물었다. 나는 짧게 서울시 소재의 공기업에서 일한다고 대답했고, 할아버지는 "공무원…?"이라고 되뇌며 왠지 안광이 수상하게 형형해졌다. 너무 피곤해서 그 눈빛의 의미를 해석할 여유가 없었던 나는 그대로 집으로 올라가 요를 깔고 풀썩 쓰러졌다.

그날 이후, 할아버지는 나만 보면 은근한 목소리로 시간 좀 내달라고 청하기 시작했다. 아니, 이 할아버지가 나한테 시간 좀 내달라고 할 이유가 어디 있지? 할아버지는 나직하고도 은근하게 우리 어머니를 동반해서 저녁 식사를 한 번 하자고 자꾸만 부탁하는 것이었다. "그냥 제게 말씀하시죠"라고 대답하니 한숨을 한 번 쉬고 할아버지는 주절주절 썰을 풀어놓기 시작했다.

"우리 큰아들이 있는데, 얘가 자식이 둘이 있어, 초등학생 둘인데 아가씨도 봤지? 나랑 집사람이랑 둘이 키우는데… 며느리가 둘째 낳고 어딜 도망을 갔네. 그래서 노인네 둘이 애 키우기가 쉽지가 않아. 우리 손자손녀들이 아가씨처럼 젊은 사람하고 어울리면 너무너무 좋아할 거야!(그래서 나보고 어쩌란 말인지?)

그건 뭐 나중 얘기고, 아들내미 뭐라도 해야 되니까 저쪽 마포구청 쪽에 노래방을 차려줬어. 그런데 노래방만 차려준다고 되는 게 아니더구먼? 요즘은 그 뭣이냐, 노래방 도우미가 없으면 장사가 안 돼요. 그래서 어쩔 수 없이 노래방 도우미 끼고 장사를 했는데 아니 이런 망할,

옆의 노래방이 도우미 끼고 장사한다고 신고를 한 겨! 그래서 영업정지를 먹지 않았겠어! 사실은 자기들도 다 부르거든. 우리 아들이 순진해서 당한 겨. 그래서 근신하고 나서 영업정지 풀리고 장사 좀 하다가 또 걸렸네!(그러니까 도우미 또 불렀다가 다시 신고를 당했다는 이야기다.) 어휴, 속상해.

보통 큰아들이 집안 기둥 노릇을 하는데 우리 집은 그렇지가 않네. 그게 말이야, 우리 둘째가 있거든…. 너무 얌전하고 착해서 수줍어가지고 아가씨들한테 말을 먼저 못 걸어. 애는 너무 착해. 나이는 서른여덟 살이고(나중에 우연히 알고 보니 마흔 살이었다. 마흔이라고 하려니 너무 늙어 보여서 두 살을 깎은 것이었다), 직업은 제빵사야! 지금 신라호텔 다녀. 어려서부터 소질이 있어가지고, 공고를 가서 제빵 기술 배웠거든. 지금 돈 참 잘 벌어! 빵도 정말 잘 만들고. 그래서 내가 다 생각이 있거든. 언제까지 남의 밑에서 일하게 하지 않고 이 동네에 베이커리 하나 내가 차려줄라고 그랴.

근데 남자가 홀몸으로 사업하는 거 보기 좋지 않거든.

그래서 하는 말인데… 한 번 만나보지 않겠어? 우리 아들이라서 하는 이야기가 아니라 참 착해. 제빵 일이 새벽 5시에 시작하는 대신에 낮 3시면 다 끝나. 그래서 이 동네에 베이커리 차리면 아가씨는 공무원이니까 칼퇴근할 거 아녀? 그래서 퇴근하면 같이 빵 팔고, 주말에 같이 장사하고 그러면 얼마나 좋겠어.

그리고 저쪽에 새로 짓는 아파트 있지? 내가 널찍하니 48평으로 얻어줄 것이여! 그러면 아가씨네 홀어머니 모시고 셋이 같이 살면 되지. 옛날이고 요즘이고 누가 처가살이 하려고 하남? 근데 우리 아들은 워낙 착해서 장모님 모시고 살려고 할 거야. 그러면 빨리 아기 낳고 어머니가 아기 키워주고 하면 좋지 않겠어? 어머니 아직 젊으시니까 소일거리로 살림도 봐주실 것이고! 어떻게 생각해?"

어떻게 생각하긴…. 지금 그 플랜으로 저를 꼬시려는 겁니까. 그래서 나는 물었다.

"그러니까 저는 매일 정시에 출근해서 정시에 퇴근하고, 그러면 쉬지도 못하고 아드님이 하는 베이커리로 가서 바로 빵 팔고, 주말에도 쉬지도 못하고 계속 같이 빵을 팔아야 한다는 말씀이네요? 또 애 낳고, 그 애는 저희 엄마가 키우고, 48평 아파트 청소도 다 저희 엄마가 하고요?"

할아버지는 눈을 반짝이며 바로 그거라는 듯 고개를 끄덕였다. "그렇지! 바로 그거야!"

"아무래도 저한텐 과분한 자리라 사양하겠습니다."

내가 고개를 돌리자 할아버지는 펄쩍 뛸 듯, 이 좋은 자리를 왜 거절하느냐는 표정으로 발을 동동 굴렸다. "저기, 내 얘기 한 번 들어봐" 하고 할아버지는 내 어깨를 잡으려 했지만 내가 정색을 하고 한 마디 더 묻자 더 이상 나를 잡지 않았다.

"당연히 그 48평 아파트도 아드님이나 사장님 명의인 거죠?"

그리고 그 넓은 아파트를 쌔가 빠지게 쓸고 닦을 것은 나나 엄마의 몫일 테고 말이다. 나는 "우리 어머니에게는 이런 얘기 하지 마세요"라고 당부한 후 휙 돌아섰다.

나는 아버지를 여의고 서러운 적이 단 한 번도 없었다.

그건 아버지가 살아계실 때 아버지 빽 맞을 별로 본 적이 없기 때문이기도 했다. 그렇지만 그날은 유일하게 아버지가 없다는 게 서러웠다. 아버지만 살아계셨어도 저런 영감이 나를 며느리감으로 점찍고는 말도 안 되는 제안을 무슨 성은을 베푼다는 표정으로 감히 하진 못했을 텐데. 너무 화가 나서 눈물이 날 것 같았지만 울진 않았다. 내가 이 따위 소리를 듣고 울면 아버지가 정말로 슬퍼할 것 같았기 때문이다. 게다가 영감, 잘 알아둬. 나는 빵을 엄청 싫어한다고. 입에 대지도 않아.

그날 밤, 나는 아버지가 나를 위해 화를 내주는 꿈을 아주 오래 꾸었다.

크리스마스와 산타

아버지를 사랑했다. 사랑하지 않은 적도 많았다. 결국은 어쩔 수 없이 사랑했다. 나의 뻣뻣한 성격과 눈치 없는 면은 아쉽게도 아버지로부터 그대로 물려받은 것이다. 네 살이 되었을 때, 목회자였던 아버지는 나에게 똑바로 신앙 교육을 시켜줘야 할 때가 되었다고 생각했던 것 같다. 그 첫 시작은 산타클로스 같은 사람은 없다는 것을 알려주는 것이었다.

그해 크리스마스이브였다. "산타 할아버지가 어떤 선물을 가져오실지 궁금해" "나는 1년 내내 착한 아이였으니 분명히 내일 내 머리맡에 선물이 놓여 있을 거야" 하고 아이들이 와글와글 떠들며 조그만 유치원 봉고차에서 내려 수다를 떨며 집으로 돌아갔다. 병아리색의 노란 유치원 가방을 멘 나 역시 가슴에서 두근두근, 하고 설레는 소리가 났다. 양심상 스스로를 착한 아이라고 여길 수는 없었지만 나보다 훨씬 못되게 구는 아이들도 오늘 산타클로스가 올 거라고 실컷 떠드는 걸 보니 나라고 산타클로스에게 외면당하라는 법은 없을 것도 같았다. '오늘 처음 알았네. 착한 아이에게 선물을 주는 산타클로스라는 할아버지가 있구나.'

잔뜩 기대감에 부풀어 어머니에게 집에서 가장 큰 양말을 달라고 했다. 우리 집에는 단 한 번도 트리 같은 특별한 크리스마스 장식 같은 걸 한 적은 없었지만, 머리맡에 양말 정도는 놔둘 셈이었다. 내가 요구한 양말을 찾는 엄마의 손길이 어째 어색하게 허공을 계속 더듬거리고 있었다. 왜 양말을 안 주느냐고 재촉을 하고 있는데 당시 서른네 살쯤 되었을까, 아버지가 나를 부르는 소리가 들렸다. 그때 즈음 아버지는 내 세상의 전부였기 때문에 양말이고 뭐고 작파하고 아버지에게 쪼르르 달려갔다.

아버지는 내 머리를 쓰다듬으며 여기 앉아보라고 했다. 심각하게 할 이야기가 있다며, 너도 이제 진실을 알아야 한다고 했다. 무슨 심각한 이야기를 하려고 하는 걸까. 나는 심각한 이야기를 견뎌낼 만큼 충분히 자라지 않았는데. 세상의 진실이라니, 나는 그런 것과 마주할 만큼 다 크지 않았는데. 대체 무슨 얘기를 하려는지 몰라 눈을 동그랗게 뜨고 있는데 아버지가 오늘 유치원에서 산타클로스 이야기를 들었냐고 물었다. 나는 크게 고개를 끄덕였다. "빨간 옷을 입고 흰 수염을 단 산타 할아버지가 착한 아이들한테 선물을 주고 간다는데" 하고 내가 신이 나서 설명을 했다. 그러자 아버지는 잠시 눈을 감으며 생각에 잠기더니 곧 눈을 뜨고 깊은 한숨을 내쉬고는 나에게 말했다.

"현진아, 산타클로스 같은 건 없다. 우리가 믿어야 할 건 오직 주 예수님 한 분뿐이란다. 그리고 아마 내일 유치원에 가면 산타가 주고 갔다고 선물 자랑하는 애들 있을 텐데, 믿지 마라. 그거 다 그 애들 엄마 아빠가 사다 놓은 거야. 산타가 주고 간 거 아니다. 산타 같은 건 없어."

엄마가 큰 양말을 꺼내주기만을 하염없이 기다리고 있던 나는 그만 울음을 터뜨리고 말았다. 그래도 아버지는 나를 요만큼도 달래주지 않았다. 아무리 울어봤자 없는 게 있게 되지 않는다는 거였다. 아버지가 "뻥이었지롱!" 하며 장난이었다고 말해주길 기다렸지만 아버지의 잘생긴 얼굴에는 반지하 셋방까지도 친절하게 들어와주는 석양에 비추어 그늘이 드리워졌다. 부엌에서 저녁 준비를 하고 계시던 어머니는 혀를 찼다.

"어휴, 최소한 여섯 살은 됐을 때 가르쳐줄 것이지…. 겨우 만으로 세 돌인데."

다음 날 아침, 나는 혹시라도 산타클로스가 다녀가지 않았을까, 아니면 어머니와 아버지가 다른 집 부모님이 한다는 것처럼 살며시 선물을 놓고 가지 않았을까, 하는 기대에 혹시나 하고 머리맡을 더듬었다. 하지만 전날 머리를 묶었던 알사탕 모양의 머리방울 말고 내 손에 잡힌 건 먼지뿐이었다. 이때의 서러움 때문인지 나는 그 후 기념일을 강박적으로 챙기는 인간이 되어 부모님 생신에도 비싼 저녁을 대접하고, 내 생일에도 역시 낳아준 부모님 때문에 내가 있으니 또 부모님에게 비싼 저녁을 대접하는 다소 불공정한 세리모니를 늘 준비하는 인간이 되고

야 마는데….

*

어쨌든 성탄절 당일 유치원에 가니, 아니나 다를까, 아이들이 자랑하고 싶어 혈안이 되어 신나게 유치원 버스에서 내렸다. 아예 자랑하기 위해 전리품(!?)을 들고 온 아이들도 있었다. 하나같이 나는 뭘 받았다, 나는 산타 할아버지가 무엇을 주었다, 하고 저마다 선물을 바꿔 보며 자랑하고 와글와글 시끄러웠다. 선생님들은 크리스마스라 그런지 온화한 미소를 지은 채 서로 선물을 보여주는 아이들의 모습을 정겹다는 표정으로 바라보고 있었다. 그러나 이내 이 목가적인 풍경은 깨지고 마는데, 그건 모두 나 때문이다.

모두 손에 장난감을 하나씩 들고 있는데, 나만 노란 유치원 가방을 메고 두 손이 비어 있었다. 아이들이 입을 모아 물었다. "넌 선물 하나도 못 받았니?" 나는 노란 가방을 꽉 쥔 채 고개를 도리도리 흔들었다. 그러자 나서기 좋아하는 아이들 몇몇이 킬킬 웃으며 나에게 손가락질을 하기 시작했다. "거 봐, 산타 할아버지는 착한 애들한테만 선물을 주는 거야. 너는 나쁜 아이라서 선물을 안 주신 거야!" 웃음이란 전염성이 있는 법이라 다른 아이들도 깔깔깔, 하고 따라 웃기 시작했다. 나에게 나쁜 아이라고 말한 아이는 나보다 별로 성격이 좋지 않았기 때문에 빠지직, 하고 화가 났다. 나는 침착하게 말했다.

"너 진짜 바보다. 아직도 산타클로스가 있다고 믿어?"

아이들은 잠시 흠칫했다가 와글와글 산타가 정말 주고 간 게 맞다고 소리치기 시작했다. 나는 나에게 나쁜 아이라고 말한 아이를 똑바로 노려보며 말을 계속했다, 라기보단 아버지가 한 말을 주워섬겼다.

"산타 같은 거 없어. 그 선물 너희가 잠들었을 때 너희 머리맡에 너네 엄마 아빠가 놓은 거야. 생각을 해봐! 산타클로스는 굴뚝으로 다니잖아. 여기 집에 굴뚝 있는 사람 있어? 아무도 굴뚝 있는 사람 없잖아! 그런데 산타클로스가 어떻게 들어와서 선물을 놓고 가! 다 너네 엄마 아빠라니까?"

유치원은 급기야 소리치는 아이, 우는 아이, 산타가 아니었다며 선물을 걷어차는 아이로 아수라장이 되어갔다. 그래도 기가 꺾이지 않은 몇 명이 소리쳤다.

"거짓말! 넌 거짓말쟁이야!"

나는 팔짱을 끼고 똑바로 선 채 독하게 외쳤다.

"난 거짓말 같은 거 절대로 안 해! 그리고 산타 이야기 우리 아빠가 한 거야! 우리 아빠 이 교회 전도사님이야! 전도사님은 거짓말 같은 거 안 해!"

이 유치원은 아버지가 목회자로 계신 교회의 부설 유치원이었기 때문에 아이들이 대부분 아버지를 알았고, 아이들도 대부분 교회 교인 가정의 아이들이었기 때문에 목사님이나 전도사님은 거짓말을 하지 않는다는 절대 명제에 반박할 수 있는 아이가 없었다. 결국 아이들은 전리품을 던진 채 엉엉 울기 시작했고, 선생님에게 쟤가 거짓말하는 거 아니냐고 물어보는 아이, 이 장난감 산타가 가져온 게 아니니까 무효라는 아이, 엄마 아빠가 거짓말했다고 엉엉 우는 아이 등등 유치원은 완전히 아비규환으로 변했다.

나 혼자 똑바로 선 채 "그게 뭐가 울 일이라고 울어!

우리한테는 예수님이 계시다니까! 우리가 믿을 건 오직 주 예수님 한 분뿐이야!" 하고 전혀 아이들에게 위로가 안 될 말을 계속하고 있었다. 네 살짜리들에게 예수님은 선물을 주지 않으니 별 의미 없는 사람이었고, 구세주의 보혈을 선물이라고 설명하는 것은 너무 어려운 일이었으니 예수님은 그냥 아무것도 아닌 아저씨였다. 이 난장판을 보다 못한 유치원 원장 선생님과 담임 선생님은 나를 강제 하교시켜버렸다. "현진이 넌 오늘 그만 집에 가렴…."

나는 내가 잘못한 게 없는데 왜 가야 하느냐, 억울하다, 기타 등등 항변했지만 선생님들은 그냥 나를 집으로 보내버렸다. 엉엉 울고 소리 지르는 아이들의 아수라장을 뒤로 한 채 유치원 봉고차도 탈 수 없으니 타박타박 걸어서 집으로 돌아가면서 고집스럽게 생각했다. '나는 거짓말 안 했어. 우리 아빠는 전도사님이야. 우리 아빠는 절대로 거짓말 안 해. 산타 없어. 나는 하나도 잘못한 게 없어.' 그렇게 끊임없이 되뇌며 입술을 꽉 깨물고 집에 돌아왔다. 왜 벌써 오냐고 깜짝 놀라 묻는 부모님의 질문에는 그냥 일찍 끝났다고만 대답했다. 이후 내가 평생 머리맡에 놓여 있는 선물 따위를 목격한 적이 없는 것은 물론이다.

이제와 생각해보니 꼭 그런 식으로 다른 아이들의 꿈까지 왕창 박살냈어야 하나 싶어서 꽤나 미안하다는 생각이 든다. 워낙 어릴 때니 내가 한 말 따위는 1년 안에 잊고 철이 들 때까지 다들 머리맡에 선물을 받고 기뻐했기를. 나를 쫓아낸 후 원장 선생님과 담임 선생님이 제발 수습을 잘해줬기를. 비록 내겐 허락되지 않았더라도, 그렇게 신나게 산타 할아버지가 주고 간 선물을 반짝반짝 빛나는 얼굴로 자랑하던 너희라도 몇 년간은 부디 행복했기를.

그날의 생일케이크

어린아이라면 누구나 촛불을 후- 하고 불어 끄는 일을 좋아하기 마련이다. 나 역시 예외는 아니었다. 어렸을 때 간혹 정전이 되곤 하면 어른들이 더듬더듬 신발장 등에 넣어둔 흰 양초를 꺼내와 성냥을 그어 불을 붙였는데, 단지 그것만으로도 일상에서 잠시 비일상으로 일탈한 듯한 기분이 되어 괜히 마음이 설렜다. 그 투박하고 하얀 양초만 봐도 가슴이 두근거릴 정도였으니 예쁘고 알록달록한 생일 축하용 초를 봤을 때는 거의 황홀할 지경이었다.

당시 갓 생겨나기 시작한 브랜드 베이커리에서 산, 꽃이나 초콜릿 필링이 듬뿍 올려진 케이크 위에 나이 수만큼의 초를 꽂는 것은 무척이나 세련되어 보였다. 친구들의 생일파티에 초대받아 가면 아이들은 하나같이 제 나

이만큼의 초를 꽂아 부모의 익숙한 인솔하에 불을 붙여 잠시 소원을 빌고는 후, 하고 초를 껐다. 이때 한 번 불어 촛불을 모두 꺼야 소원이 이루어진다는 속설 때문에 생일을 맞은 아이는 얼굴이 새빨개지도록 볼을 부풀려 최대한 많은 숨을 가두려 하다가 거의 호흡곤란 상태에 빠지는 경우도 종종 있었다.

그러면 나처럼 초대받아 간 아이들은 공책이나 지우개, 수첩이나 연필 같은 아이들이 줄 법한 선물을 건넸고, 생일의 주인공은 포장지를 찢고 내용물을 하나하나 자랑하며 다 함께 즐거운 시간을 보냈다. 그게 부러웠던 나는 유치원에 다니던 시절 "저, 생… 일" 하고 말을 꺼내 보려다가 금방 입을 다물었다. 우리 집에는 아이들을 초대해서 케이크에 불을 붙이거나 그걸 썰거나 할 공간이 없었다. 일단 단칸방인 데다, 주방은 있지만 화장실이 없어 이미 문명이 한참이나 개화된 시대에 요강이란 물건을 쓰고 있었으니 아무리 어려도 이런 곳에 친구들을 부르는 건 면구스러웠다. 하지만 그 케이크에 초를 꽂아 불을 붙이고 후- 하고 부는 것만은 너무나 해보고 싶었다.

마침 내 생일이 다가와 "엄마, 저기, 내 생일" 하고 말을 슬그머니 꺼내봤지만 어머니는 우악스러운 경상도 사투리로 대꾸했다.

"생일은 무슨 놈의 생일? 너 낳아준 게 낸데 뭐라카노? 도리어 니가 내한테 뭐 해줘야 되는 거 아이가?"

이 풍진 세상에 낳아달라고 한 적도 없으니 원망스러웠지만 아직 취학 전이라 그런 논리를 펼치기에는 경륜이 부족했다. 그렇게 거하게 잔소리를 듣고 나서 생일이고 뭐고 잊어버리고 평소와 같은 하루를 보내고 있는데 아버지가 어디선가 작은 케이크를 얻어오신 모양이었다. 뒤늦게라도 너 좋아하는 초에 불붙이는 거 하자며 부모님은 초를 꽂아주었는데, 나는 겉으로는 기쁜 체했지만 속으로는 '이미 내 생일은 한 달 가깝게 지났는걸. 오늘은 내 생일이 아닌데' 그런 생각이 들었다. 내 생일이 아니라 남의 생일에 난입한 것 같은 기분을 지울 수가 없었다. 부모님은 그렇게 초에 불붙이고 싶어서 해줬더니 불만스러운 표정을 한다고 머리끝까지 화가 나셨다. 그래도 나는 좋은 표정을 할 수가 없었다. 부모님은 내가 성격이 좀스럽고 마음가짐이 쩨쩨하다고 화를 내셨지만 내게는 제 날짜에, 정확히 그날에 뭔가를 하는 게 무척 중요했다. 실은 지금도 그걸 극복하지 못하고 쭉 그런 성격인데, 아마 원래 그런 결함을 가진 모양이다.

그 이후로도 우리 집은 아버지의 오랜 실직 등으로 쭉 가난했다. 엄마가 내 저금통을 살짝 가져다가 생활비에 보태 쓴 뒤 도둑이 훔쳐간 거라고 둘러댈 정도로 가정 형편이 최악이었다. 그러저러한 가정 형편 때문에 집에 친구들을 데리고 온 적도 없고, 혹시나 데리고 오더라도 어머니의 문전박대로 무안하게 집 앞에서 쫓겨나는 경우가 다반사였다.

그러다 열한 살쯤 되었을까, 생일 같은 거 챙기지 않던 아버지의 손에 웬일로 케이크가 들려 있었다. 물어보니 내 생일이라서 케이크를 샀다는 거였다. 거의 태어나서 처음으로 내 생일 당일에 축하를 받게 된 나는 무척 신이 났다. 그까짓 게 뭐라고, 지금 생각하면 피식 코웃음이 나오지만 그때는 왜 그리 콕 집어 내 생일인 바로 그날 당일에 반드시 축하를 받고 싶었는지 알 수가 없다.

나는 부엌 한쪽에 놓인 케이크 상자를 몇 초마다 쳐다보며, 뉴스를 보고 있는 아버지가 빨리 텔레비전을 끄고 케이크에 초를 꽂자고 해주길 기다렸다. 그런데 아버지는 현재 시국 상황을 논하느라 바빴다. 옆에서 뭔가를 하던 어머니의 표정은 영 불만스러워 보여서 내 마음은 조마조마했다. 아니나 다를까, 두 분은 뭔가 내가 알 수 없는 문제로 다투기 시작했다. 나는 벌써 마음속에 하나둘씩 켜지고 있던 촛불이 힘없이 꺼지는 것을 느끼며 제발 두 분의 싸움이 멈추기를 속으로 빌고 또 빌었다. 다행히 부부싸움은 그리 길게 가지 않았고, 두 분은 식식거리며 각자의 일에 몰두했다.

그때 시간이 8시 반이나 됐을까. 아직 그리 늦지 않은 시간이니 초를 꽂아줬으면 싶어 나는 "케이크…" 하고 어물어물 말문을 열었지만 야멸찬 대답만이 돌아왔다. 오늘만 날이냐고, 지금 그럴 기분 아니니까 내일 하자고, 케이크가 어디 도망가느냐는 거였다. 나는 케이크 상자를 힐끔 바라봤다. 저 케이크 상자는 오늘은 내 케이크이지만 내일은 나와 상관없을 케이크였다. 나는 눈물까지 글썽거리며 오늘 초를 꽂게 해달라고 빌다가 그만 울음을 터뜨리고 말았다.

나의 부모님은 일관된 자녀교육 철학을 가지고 있었는데, 그중 첫째는 '매를 아끼면 자식을 망친다'는 거였고, 둘째는 부부 중 한 사람이 아이를 혼낼 때 다른 사람이 편들거나 하지 않고 두 사람이 함께 아이를 꾸짖는 것이었다. 두 분은 이 규칙들을 꽤나 잘 준수하고 있었는데, 그날도 별것 아닌 것 가지고 울고 사람을 귀찮게 한다고 여지없이 매를 맞았다. 잔뜩 화가 난 아버지는 나에게 손찌검을 하다 말고 마루에 놓여 있던 케이크 상자를 가져와 안방 바닥에 집어던지고는 아예 발로 밟아 뭉개버렸다. 어떤 모양이고 어떤 맛일지 궁금해 살짝살짝 엿보던 내 인생의 첫 번째 생일 케이크는 그렇게 엉망으로 짓눌려 복구 불가의 상태가 되고 말았다. 완전히 뭉그러진 케이크 상자를 붙잡고 엉엉 우는 나를 한심스럽다는 듯 쳐다보며 부모님은 그러게 왜 쓸데없는 고집을 부렸다가 매를 버느냐고 혀를 찼다.

다음 날 아침, 잠자리에서 일어나보니 두 볼에 새하얗

게 눈물자국이 말라붙어 있었다. 공휴일이라 학교에 가지 않아도 되어 시퍼렇게 멍이 든 걸 보이지 않아도 되는 게 그나마 다행이었다. 간밤에 맞은 곳이 아파서 절로 얼굴이 찌푸려졌다. 오후에 아버지가 잠깐 외출했다가 싱글벙글 웃으면서 다시 돌아왔는데, 어제 완전히 뭉그러져 못쓰게 되어 쓰레기통에 버린 케이크보다 더 큰 케이크를 사가지고 왔다. 어제 못 한 생일 축하를 오늘 하자는 거였다. 나는 힘없이 그런 거 하고 싶지 않다고 대답했다. 부모님은 기가 막힌 듯 뭐가 문제냐고 물었다. 나는 고장 난 녹음기처럼 같은 말을 되풀이했다.

"내 생일 어제지 오늘 아니야. 오늘은 내 생일 아니에요. 오늘 초 켜고 해봤자 오늘은 다른 사람 생일이에요. 내 생일이 아니라고요."

어제 때린 것도 미안하고 하니 비위를 맞춰주려고 가난한 형편에도 불구하고 제법 큰 케이크를 사가지고 왔는데, 웃으며 기뻐하기는커녕 음침한 표정으로 내 생일은 어제 지나가버렸으니 아무 의미가 없다는 말만 되풀이하는 딸은 정말 하나도 귀엽지 않은 아이였을 것이다.

그래서 부모님은 다시 한동안 쓸데없는 걸로 고집부린다고 매를 아끼지 않았고, 새로 사온 케이크 역시 내가 보는 눈앞에서 발로 짓밟아 납작하게 만들어버렸다. 그렇지만 그 케이크가 망가지는 건 아무렇지 않았다. 내 생일은 이미 지나갔는걸. 저 케이크는 내 것이 아니니까, 그러니까 나랑은 아무 상관없어.

*

세월이 흘러 그때의 부모님과 비슷한 나이가 되고 보니, 이런저런 생각이 많이 들었다. '나 같으면 애가 굳이 제 생일 날짜에 촛불 불고 싶다는데 그거 몇 분이나 걸린다고 그냥 해줄 텐데. 어머니 아버지가 사는 게 워낙 팍팍해서 그랬을까? 그래도 아이가 기대에 차서 한참이나 쳐다보던 케이크를 눈앞에서 발로 짓밟아버리는 건 너무했어….' 하지만 결국 나는 애를 낳아보지 않았기 때문에 그분들을 완전히 이해하기는 어려울 것이다.

생일에 대한 이런 그다지 좋지 않은 기억이 있었지만, 돈을 벌게 되면서 나처럼 별난 인간을 낳고 양육하느라

고생한 부모님에 대한 미안함으로 부모님의 생신은 물론이고 내 생일에도 부모님께 늘 근사한 저녁 식사를 대접했다. 단것을 그리 즐기지 않는 나와 달리 두 분은 디저트 류를 좋아하셔서 늘 작고 고급스러운 케이크를 준비했다. 그리고 나이가 많아질수록 꽂아야 하는 초가 많아 번거로우니 우리 식구는 죽을 때까지 스물한 살인 걸로 그냥 나이 통일하고, 초도 스물한 개만 꽂자고 모두가 찬성했다.

해마다 내 생일이 돌아오면 아예 습관이 붙어 내 생일을 축하하기보다 늘 해왔던 대로 부모님께 근사한 식사를 대접하고 싶은데, 이제 아버지가 돌아가셔서 그럴 수가 없게 되었다. 대신 두 배로 어머니께 호사를 누리게 해드리려 애쓰는 중이다. 어린 시절 초도 못 꽂아보고 두 개나 뭉개져버린 케이크들의 기억은 슬펐지만 내가 일찌감치 돈을 벌게 되어 호기롭게 두 분께 비싼 밥을 사드릴 수 있었던 시간은 아버지와 빨리 헤어져야 했던 내게는, 어떤 축복이었던 것 같다.

어떤 대화

- 이게 미쳤나?
- 그래, 미쳤다.
- ….
- 하도 쳐 맞다 보니 미쳤다.
- ….
- 맨날 자식이나 쳐 패는 게 무슨 예수님을 믿고, 하나님 사랑이 어째?
- 매를 아끼면 자식을 망친다.
- 부모로서 부끄럽지도 않아? 내 나이가 이제 스물한 살인데, 언제까지 패서 바로잡는다는 거야!
- 이런 독사의 자식!
- 다신 내게 손대지 마. 배를 걷어차지도 말고. 한 번

만 더 손댔다가는 다 죽여버릴 테니까.

   - 패륜도 이런 패륜이 없구나.

   - 계속 이렇게 맞으면서 살 순 없어. 이젠 멈출 거야.

   - 이런 마귀 새끼.

   - 뭐라고 해도 상관없어. 하지만, 이젠 멈출 거야.

울 아빠는 말야

아버지가 나쁜 사람이라서 내게 호된 체벌을 한 것은 아니라고 나는 지금도 생각한다. 좀 이상하게 들리지만 그는 법 없이도 살 수 있을 만큼 정직한 사람이었고, 나는 여전히 그런 아버지를 사랑했다. 사랑했지만 용서할 수 없었고, 용서할 수 없지만 사랑했다. 나의 첫 기억 때부터 아버지는 내게 책을 읽어주고 계셨다. 그리고 눈이라도 내리면 아버지는 솜씨 있게 길에서 주워 온 합판을 깎고 못을 박아, 브레이크 손잡이까지 단 근사한 눈썰매를 만들어주시곤 했다.

하지만 우리 가족은 늘 시궁쥐처럼 가난했다. 초등학교 4학년이 되어서야 실내에 화장실이 있는 집에 살게 되었다. 그 전에는 별 수 없이 방에 요강을 들여놓았었다. 구멍가게에 구공탄을 사러 내가 매일 아침 달려가야 했고, 부엌에서 불을 지펴 큰 냄비에 물을 데워 간신히 머리 감고 목욕하던 시절이었다. 하지만 어린 시절에 나는 돈 못 버는 아버지가 부끄럽지 않았다. 그가 부끄러웠던 건 훗날 내게 돈을 벌어서 자신에게 달라고 하던 시절이었고, 어릴 때만 해도 나는 아버지를 무한히 신뢰했다.

초등학교에서 가정환경 조사서를 내는 날은 피아노와 전자레인지를 갖추고 자기 소유의 집에 사는 아이들이 그렇지 못한 가난뱅이들을 실컷 놀려대는 날이었다. 물론 나 역시 가난뱅이 어린이 중 한 명이었다. 아버지가 아주 큰 회사 사장이고 아주아주 돈이 많다며 늘 자랑하던 아이가 사장님 타령에도 아랑곳하지 않는 내가 늘 아니꼬웠던지 못된 말들을 늘어놓았다. "너네 아버지 전도사라며?" "넌 장난감도 아무것도 없지?" "돈도 못 벌고 불쌍하다." 지금은 이름도 기억나지 않는 그 애에게 나는 턱을 꼿꼿이 세우고 대꾸했다.

"나는 니가 더 불쌍해."

그 아이는 생각지도 못한 대답에 잠시 어물거리다가

큰소리를 쳤다. "우리 집 엄청 부자야. 우리 아빠가 사장님인데 네가 뭘 안다고 나보고 불쌍하다는 거야?" 워낙 어릴 때부터 책을 주워 읽어 그럴싸한 말을 잘했던 나는 도도한 얼굴을 하고 화가 단단히 난 그 애를 '넌 뭣도 모르다니 참 가엾구나' 하는 표정으로 대답했다.

"너희 아빠는 돈 벌려고 일하지? 우리 아빠는 돈 때문에 일하는 거 아니야. 영혼 구제(물론 무슨 뜻인지 모르고 책에서 본 걸 주워섬긴 것이다)를 위해서 일하지, 돈 벌려고 일하는 거 아니라고. 너네 아빠는 그냥 돈 때문에, 돈만 보고 일하지? 우리 아빠는 너네 아빠랑 완전히 다른 사람이야. 지금 돈은 없지만 하늘나라에 황금을 쌓아두는 거라고. 넌 무슨 소린지도 모르지?

평소에도 너 참 불쌍했어. 아빠가 사장이라는 소리 맨날 하는 거, 얼마나 천박한 짓인지 아니? 모르니까 그렇게 천하게 굴겠지. 그리고 사장 해서 돈 많은 거 자랑인 줄 알아? 사장으로 돈 많이 벌려면 세금도 떼먹고(이것도 물론 정확한 뜻을 몰랐다), 가난한 사람들 많이 괴롭혀야 돼. 남이 손해 봐야 자기가 돈 버니까. 내 말 못 믿겠으면 집에 가서 아빠한테 물어봐. 뭘 자랑이라고, 아빠가 돈벌레라는 게 그렇게 좋니?"

'천박'에다 '돈벌레'라는 소리까지 들은 그 애는 당장 책상 위에 엎드려 엉엉 울기 시작했다. '천박'이라는 단어의 뜻은 잘 몰랐겠지만 '돈벌레'의 뉘앙스에서 예민하게 모욕을 감지한 모양이었다. "우리 아빠는 돈벌레가 아니야" 하고 엉엉 우는 그 애를 나는 쳐다보지도 않았다. 자초지종을 알게 된 선생님이 친구가 우니까 사과하라고 했지만, 쟤가 먼저 우리 아버지를 모욕했는데 내가 왜 사과해야 되냐는 말에 선생님은 더 이상 강요하지 않고 대강 넘어갔다. 돈벌레라는 소리를 들은 그 애는 하교 시간이 될 때까지 울었지만, 나는 하나도 미안하지 않았다.

그렇게 어른이 되어간다

아버지가 돌아가신 지 몇 년 남짓 지나고 나니 아버지, 하고 생각만 해도 눈물이 나는 일은 적어지고 곰곰 그에 대해 생각해보게 된다. 그가 어떤 사람이었는지, 어떤 삶을 살았는지. 이를테면 그의 삶은, 실직이 매우 길었다. 아버지의 첫 실직 기간 동안 나는 초등학생이었는데, 가끔 어른들이 주시는 용돈을 100원도 쓰지 않고 모으는 꼬마였다. 운동화 모양의 저금통에 10원짜리까지 모으면서, 집에서 형편이 안 되어 못 사주는 장난감 같은 걸 내 손으로 사야지, 하며 꼭꼭 모았다. 어린 시절 몇 년에 걸쳐 7만 원 가까이 모았을 땐 매일 신이 났다. 당시로선 그 돈이면 꽤 큰 편이었다. 집안 형편이 워낙 어려워 인형 같은 장난감 구경을 해본 적이 없었는데 드디어 갖고 싶은 걸 살 수 있을 생각에 꿈에 부풀었다.

그런데 어느 날 집에 돌아와보니 저금통이 온데간데없이 사라진 거였다. 어머니는 도둑이 들어서 네 저금통을 훔쳐갔다고 했다. 다른 것은 다 멀쩡하고 꼬맹이의 저금통만 훔쳐가다니 이상한 도둑이라고 생각했지만 그러려니 했다. 그러다 부모님 방 책장 뒤에서 지폐는 다 사라지고 10원짜리 동전만 몇 개 남은 저금통을 발견했다. 도둑은 가까이에 있었던 거였다. 몇 년 저금통을 살찌우며 꾼 꿈이 허망해서 엉엉 울자 원래 자식 돈은 부모 건데, 그 돈으로 생활비 하고 네 입에 들어간 반찬 사고 한거지 엄마 화장품 사고 옷 샀느냐고 도리어 매를 맞았다.

그다음부터 나는 아예 저금통 따위를 쓰지 않고 마치 〈바람과 함께 사라지다〉의 주인공 스칼렛 오하라가 은행도 믿을 수 없어 자기가 번 돈을 종이에 싸서 헐렁한 벽돌 틈 사이 등에 감춰놓았던 것과 같이, 돈을 책갈피 사이나 의자 틈새 같은 곳에 숨겼다.

이듬해인가, 아버지가 지금 우리 가족 형편이 너무 어려워서 그러니 모아놓은 돈 좀 없느냐고 물었다. 아버지의 태도가 워낙 간곡해서 한숨을 쉬며 초등학교 4학년짜리는 플라스틱 의자의 틈새를 열어 만 원짜리 몇 장을 꺼내 드렸다. 그러고서 며칠 후, 학교 수업이 끝나고 내 방에 들어갔을 때였다. 아버지가 엉거주춤한 자세를 하고 '얼음'이 되어 있었다. 그는 내가 돈을 꺼내서 주었던 플라스틱 의자를 탈탈 털어보는 중이었다. 드린 지가 고작 몇 주 전인데 돈이 없는가, 하고 나는 어린 마음에도 그 모양이 하도 구질구질하고 쓸쓸해서 턱턱 슬퍼졌다.

그 기억은 '생활고에 새끼한테까지 손을 벌려야 했구나' 하고 안쓰럽게 남아 있다가, 내가 30대에 접어들고 주변 친구들이 슬슬 결혼을 해서 아이들(내 아이가 아닌데도 너무 귀여운)을 낳고 나니 생각이 좀 달라졌다. 그때 아버지 나이를 세어보니 고작 30대 후반이었다. 갑자기 덜컥 그런 생각이 들었다. '오죽했으면 열 살짜리 자식 저금통에서 돈이나 털어 쓰고 그 꼬마한테 손을 내미나.' 그런 생각이 드는 것에 죄책감도 느꼈지만, 다시 생각해봐도 좀 그랬다.

결국 아버지의 문제는, 단 한 번도 노동자로 생활해본

적이 없다는 거였다. 시골 지주의 아들로 태어나 어렵지 않게 공부했고, 목회자로서만 평생을 보냈다. 그는 일생에 노동자였던 적이 없었다. 어린 자식 저금통에 민망하게 손 내미는 아버지였던 것보다 그것이 그의 인생에 훨씬 더 큰 불행이었지 싶다. 나가서 뭐라도 했다면, 일을 했다면, 자신을 좀 더 좋아하게 됐을지도 모를 텐데. 땀의 맛과 그 정직성을 그가 맛보았더라면 그의 세계도 넓어졌을 텐데. 저축을 몽땅 털리는 생활은 이후 내게 20년간 계속되었고 그에 대해서는 별 유감이 없으나, 자기 손으로 정직하게 돈 버는 노동의 맛을 몰랐던 아버지의 생이 이제야 안쓰럽다. 노동의 맛을 모르면 겁쟁이가 되고, 겁이 많으면 자연스레 나약해지기 마련이니까.

*

아버지가 지금 내 꼴을 보지 않고 세상을 떠난 것이 간혹 다행스럽게 여겨지곤 한다. 싫은 소리 못 하고, 방구석에서 혼자만 화내고, 그렇게도 내가 싫어했던 아버지의 모습이 그대로 지금의 내가 되어 있는 것을 간혹 느끼곤 한다. 예전 같으면 기절초풍하며 싫어서 날뛰었겠지만 지금은 그대로 가만히 그 자리에 놓아둔다. 바보 같은 아버지의 모습을 어느새 닮아 있는 내 모습도, 쓸쓸하면서 부드럽게 내 가슴 속을 맴도는 아버지에 대한 그리움도, 모두 다 서서히 사그라지기를 조용히 기다릴 뿐이다. 그리고 이제는 그 모든 기억들에 간신히 미소를 지을 수 있다. 어쩌면 우리는, 모두 이런 식으로 어른이 되어가는지도 모르겠다.

4부

나의 아름다운
   사람들

부부의 세계 속으로

내 인생의 '로또'들을 소개하려 한다. 이들은 갓 마흔을 넘긴 부부다. 내가 얼마나 부족한 인간인지 절감한 일이 몇 번 있었기 때문에 남녀를 불문, 독자나 팬과는 깊이 교류하지 않는다는 원칙을 세워 매우 오랫동안 지켜왔는데, 이들은 그런 나의 원칙을 불도저로 밀어붙이듯 순식간에 부수고 들어온 사람들이었다. 엄청나게 소심한 사람들인데도!

10여 년이 훨씬 넘게 나의 독자였던 언니는 내가 하던 팟캐스트를 열렬히 애청하며 늘 글을 남겼고, 연예인도 아니건만 내 생일에는 스튜디오까지 와서 '조공'까지 두고 갔다. 그녀는 독서를 자주 하는 편이 아닌데 무척 힘겹던 시절에 도서관에서 우연히 내 책을 발견하고는 그걸 읽으며 그 시기를 버텨냈다고 한다(훨씬 더 도움이 될 만한 좋은 책도 많았을 텐데 이런 이야기를 들으면 도대체 뭘 보며 뭘 버텼다는 건지 겸연쩍기 짝이 없다).

무슨 이유인지 언니는 내가 무슨 말을 하고 무슨 짓을 해도 무조건 내 편이었다. 언니의 남편, 즉 형부는 너무 바빠 독서를 많이 하는 편이 아니었고 자연히 내 글은 몇 편 읽지 않았지만 아내를 깊이 신뢰했기 때문에 무조건적으로 내가 괜찮은 작가이고 괜찮은 사람이라고 믿었다.

언니와 형부는 내 인생에 대담하게 쳐들어왔지만, 사실 그들은 결코 개방적이거나 적극적인 성격이 아니었다. 내게 했던 것처럼 다른 사람에게 손을 내민 것은 그들의 인생에서 한 번도 없었던 일이었다. 수학자 부부로 학부에서 박사 과정까지 나란히 함께 마친 그들은 오로지 그들 두 사람만 있으면 충만했기 때문에 학교에서 '퀴리 부부'라는 별명까지 지니고 있었는데, 그들의 세계는 그렇게 두 사람만으로 고요하게 완결되어 있었다.

조용하고 평화로운 성격의 그들은 떠들썩하게 노는

걸 좋아하지 않았고, 과묵하고 점잖으며 매우 얌전한 사람들이라 서로를 제외한 교우 관계도 거의 없었다. 언니의 분석으로는 형부가 군 면제로 한국 남성 특유의 마초적 질서를 경험해본 적이 없고 K스타일로 함께 노는 동성 친구들이 없는 것이 지금처럼 무해한 남자가 되는 데 큰 영향을 미쳤을 거라고 했다. 두 사람은 마치 고치처럼 원룸에서 외부를 향한 문을 꼭 닫고 이 세상에 단 둘뿐인 것처럼 지내면서, 고양이 한 마리를 빼놓고는 원룸 안으로 누구도 무엇도, 먼지 한 톨도 들어오지 못하게 철저히 방어하고 있었다.

그래서 그런 그들의 방에 초청을 받은 나는 깜짝 놀랐다. 일본 소설 《박사가 사랑한 수식》 끝부분에서 갈등이 절정에 이를 때 박사가 수학 수식 하나를 내놓자 모든 일이 해결되는 장면이 있다. 나는 10년째 그 장면을 이해하지 못하고 있었기 때문에 마침 그것을 집에 처음 초대받은 날 수학과 연구교수인 형부에게 물어보았다. 그는 연습장을 몇 장씩 써가며 숫자와 수식을 몇 개씩 적고 그래프를 그리면서 그 내용에 대해 설명해주었으며 덕분에 '수포자'(수학 포기자)인 나는 '오일러의 공식'이 뭔지 알게 되어 10년 만에 그 소설의 여운을 뒤늦게나마 즐길 수 있었다.

그때 나는 천안에 살고 있었는데, 언니와 형부는 미국에 1년 동안 연구 과정을 위해 머무르게 되었다. 그들의 원룸은 작지만 교통이 좋은 편이라 집을 비우는 기간 동안 다른 사람에게 불법으로라도 다시 세를 놓는다면 쏠쏠한 수입이 들어올 법했다. 그러나 그들은 나에게 자신들이 없는 기간 동안 서울에 거처가 없어서 불편할 테니 그 방을 마음대로 쓰라고 했다. 나는 집주인 모르게 짐이 많지 않은 다른 사람에게 세를 놓으면 적어도 몇 백은 벌 수 있을 거라며 사양했지만, 그들은 모르는 사람이 집에 드는 것도 싫고 내 편의를 봐주고 싶다며 아주 완강했다. 결국 공과금 처리를 깔끔하게 해주기로 하고 머쓱하게 열쇠를 받아들었다. 아직 그렇게까지 친한 사이도 아닌데 집을 통째로 내어주다니. 서울에 거처가 없어서 나보다 더 불편해했던 어머니가 좋아하셨고, 언니와 형부 덕택에 1년간 서울에서 공짜로 살 수 있게 되었다.

*

 당시 나는 나이는 들어가고 있는데 자리 잡은 것은 하나도 없고, 당장 어머니라도 편하게 모셔야 하는데 돈 나올 구멍이 없어 무척 고민이었다. 그러던 중 우연히 알게 된 사람이 운영하는 목장에서 일자리를 얻게 되었다. 마침 천안 전셋집에서 어차피 나와야 하는 상황이라, 어머니와 나는 목장이 있는 경기도로 이사를 했다.

 워낙 동물을 좋아하니 즐겁게 일할 수 있을 거라고 생각했는데, 착각이었다. 대중교통 하나 다니지 않는 산꼭대기의 목장까지 가는 것 자체가 일이었다. 편도 6km 거리에 포장도 제대로 되어 있지 않은 도로였다. 게다가 기대했던 동물들보다는 다른 것들을 상대해야 했다. 주로 똥이나 깔짚 같은 것들. 대표의 배려로 회사 소유 스쿠터를 타고 다녔지만(나는 네 바퀴 운전에 공포감을 가지고 있기 때문에 2종 소형 면허만 소지하고 있고 자동차 운전을 배운 적이 없다), 비가 오기라도 하는 날에는 목장까지 올라갈 방법이 없었다. 택시조차 단 한 대도 그리로는 가려고 하지 않았다. 택시를 이용해서 목장까지 가려면 큰맘 먹고 든든한 웃돈을 줘야 했다.

우울증이 역병처럼 창궐해서 나를 거의 잡아먹고 있던 시절이라, 나는 좋은 목장 일꾼이 되지 못했다. 출근하는 것조차 힘들었다. 그런 불성실한 태도에 대한 패널티로 아침 5시부터 서너 시간 동안 마구간을 계속 치우는 일도 종종 있었다. 내가 나쁜 직원인 만큼은 아니었지만, 보스도 대단히 훌륭하고 고귀한 상사는 아니었다. 그는 분노조절장애를 가지고 있었는데, '형님들' 앞에서는 그 분노가 신기하게도 잘 조절되었다. 주부 사원과 수위가 약한 언쟁을 벌인 다음 그녀가 사무실을 나가자 거기다 핸드폰을 집어 던지는 걸 보고 나는 여기서 얼른 도망쳐야겠다는 생각을 했다.

그러나 내겐 도망칠 힘도 남아 있지 않았다. 정말로 우울증이 깊으면 숨 쉴 힘도 남지 않게 된다. 이걸 어떻게 설명해야 할지 모르겠다. 여기서 조금 더 나아가면 죽을 힘밖에 안 남게 된다. 어머니와 단 둘이 사는 것도 그리 좋지는 않았다. 내가 과거의 문제, 현재의 문제 등 온갖 짐을 끌어안고 괴로워하는 걸 볼 때마다 "신앙 안에 바로

서면 모든 것이 해결된다"라며 어머니는 안타까워하셨는데, 거기에다 대고 화를 낼 수도 없고 그렇다고 어머니가 원하는 얌전하고 조신한 기독 처자가 될 수도 없었다. 경기권 주민이 되니 한 번 서울에 나가기도 힘들고, 내 자신에게 떳떳하질 못하니 사람들을 만나기도 싫어 모든 이들과 연락을 끊고 지냈다.

그즈음 언니 부부가 미국에서 돌아왔는데, 나는 메시지로 안부를 전했을 뿐 그때의 내 꼴이 너무 부담스러워 만나고 싶지 않았다. 아무도 만나지 않고 있었다. 하지만 평소 얌전하고 소극적이지만 뭔가를 할 때 되면 분명하게 저지르는 성격인 언니는 내가 그렇게 꼬르륵, 하고 가라앉는 것을 그냥 보아 넘기지 않았다.

어느 날 누가 문을 두드려 열어보니, 세상에 언니였다. 언니네 원룸에서 남은 짐을 택배로 부칠 때 받은 우리 집 주소를 가지고, 길을 잘 알지도 못하면서 멀고 먼 동네로 무작정 나를 찾아온 것이었다. 아니 이런 스토커? 하고 나는 생각했지만 한여름 땀을 뻘뻘 흘리며 연락을 계속 씹는 나를 찾아와준 게 너무나 고마웠다. 그 원룸에서 우리 집까지 오려면 왕복 네 시간은 족히 걸렸지만 언니는 툭하면 나를 보러 왔다.

당시 내 상태는 전반적으로 말이 아니었다. 정신이 스트레스를 받으니 몸까지 비명을 질러댔다. 한 달도 넘게 왼쪽 귀에서 고름이 줄줄 흘렀다. 동네 병원에서 치료를 받다가 도저히 안 나으니 수술하는 게 좋겠다는 이야기를 듣고, 전문의가 상주하는 의정부 소재 병원까지 가기로 했다. 나는 언니와 함께 터덜터덜 한 시간 넘는 거리를 걸어가며 여러 이야기를 나누었다. 미국 생활, 목장 생활, 결혼에 대하여, 그리고 서로의 어린 시절은 어땠는지, 앞으로 뭐해 먹고살 것인지…. 끝도 없이 이야기를 나누면서 우리는 그 여름을 하염없이 걸었다.

*

내가 연락을 받든 안 받든, 언니는 그렇게 찾아오고 또 찾아왔다. 지금 와서 하는 얘기지만 사람을 못 믿게 되었다 보니 간혹 이 사람이 어디다 내 장기를 팔아먹으려나, 하는 의심이 들 때도 있었다. 하지만 분명한 건, 그렇게 끈기 있게 찾아오는 언니 덕택에 '내 삶을 어떻게 해야 하나' 하고 약간은 고민할 힘이 생겼다는 것이다.

목장을 따라 이사까지 왔지만 아무래도 내 길이 이 목장은 아닌 것 같았다. 소수 인원으로 창업한 곳답게 네 일 내 일 하고 명확히 일이 정해져 있는 것이 아니라, 내가 눈치 빠르게 일을 찾아 몸이 부서지도록 일해야 규모가 성장하는 구조였는데, 나는 '눈치'가 없다는 치명적인 단점을 가지고 있었다. 선택적 분노조절장애를 가진 대표는 선한 의지를 가진 사람이었지만 그가 욕하고 뭘 집어 던질 때 나는 어릴 때 맞고 자란 애 출신답게 머리가 통째로 얼어버렸다. 그렇게 도저히 목장에 적응하지 못하고 번번이 보스를 화나게 하며 자신의 무능력을 절감하고 있을 때 즈음, 버럭버럭 소리를 지르는 보스의 전화를 끊고 얼굴이 창백해진 내게 언니는 큰일 날 소리를 던졌다.

"작가님, 더 이상 이렇게 살면 안 돼요. 나랑 같이 우리 집에 가요. 우리가 밥은 먹여주고 재워줄 테니까, 글을 써요. 그게 작가님이 해야 할 일이에요."

조용하고 늘 내 이야기를 잘 들어주던 언니는 평소 느긋한 성격답지 않게 당장 짐을 싸라고 재촉했다. 이 목장이 당신에게는 전혀 좋은 직장이 아니며, 여기 환경도 좋지 않고, 어머니와 둘이 사는 것도 당신에게 나쁘니 차라리 자기네와 같이 살자는 거였다.

그 원룸에서 셋이 살자고? 말도 안 돼! 내가 언니에게 무슨 소리냐, 도대체 왜 그러느냐고 뿌리쳤지만 언니는 이번엔 완강했다. 좀처럼 뭔가 주장을 하지 않는 과묵한 성격의 사람들이 흔히 그렇듯이, 의견을 한 번 내세우면 황소고집이었다. 지금 생각해도 미친 짓이었다. 원룸 한 칸에 둘이 사는 젊은 부부 사이에 끼어 살겠다고 내가 그리로 간 건 정말 '도른자'였다. 하지만 좀처럼 자기주장을 내세우지 않는 언니가 고집을 부리기 시작하면 정말 쇠고집인지라, 정신을 차려보니 나도 모르게 간단한 옷가지를 챙겨 서울행 지하철에 태워져 있는 자신을 발견했다.

형부만 벼락 맞은 셈이었다. 두 사람의 성은 얼마나 단단하게 지어져 있는지, 그는 친구도 만나지 않았고 산보,

인라인스케이트, 자전거, 캐치볼, 축구, 하다못해 럭비까지 단 둘이서 했다. 부를 사람도 없고 부를 필요도 느끼지 못해 결혼식도 올리지 않은 두 사람은, 나처럼 우울증을 심하게 앓은 경험이 있는 언니가 부담스러워 할까 봐 형부가 가운데에 우뚝 서서 시부모님의 그 어떤 접근도 허락치 않을 정도였다. 그렇게 두 사람은 세상이 전혀 침범해 들어올 수 없는 두 사람만의 견고한 성을 만들고 오직 둘이서만 지냈는데, 문을 살며시 열어 나를 그 성에 들어오게끔 초청한 거였다.

그렇게 나는 바닥에 요를 깔고 자고, 두 사람은 퀸 사이즈 침대에서 잤다. 언니 부부가 기르던 고양이와 내가 데리고 간 개까지, 원룸이 북적북적했다.

걱정 마, 우린 가족이야

 그 작은 방에 공간이 어디 있다고 우울증까지 따라와 나를 시원하게 뻗을 때까지 흠씬 두들겨 패던 시절이었다. 언니와 형부는 하와이, 이탈리아에서 열린 학회에 참석할 때마다 내 항공비를 부담해 나까지 데리고 갔다. 내가 코에 바람이라도 좀 쐬어야 한다는 이유였다. 나는 사실 여행을 전혀 좋아하지 않지만, 그 고마운 배려에 황송해서 차마 그런 말을 하지 못했다.

 형부가 학회에 참석한 동안, 우리는 오토바이를 빌려 낯선 거리를 헤매곤 했다. 하와이에서는 언니를 뒤에 태우고 오토바이를 몰다 길을 잃은 적도 있었고, 로마 테르미니 기차역에서는 둘이 바닥에 앉아 베일리스를 병째 들이켜기도 했다(그렇게 여지를 엄청나게 주는 모습을 하고 있었지만, 치마만 두르면 말을 건다는 이탈리아 남자들은 아무도 말을 걸어오지 않았다!).

"우울증이 나를 흠씬 패던 시절"이라는 말답게, 나는 아무것도 하고 싶지 않았다. 개똥이나 겨우 치웠을까. 집안일에는 손가락 하나 까딱하지 않았다. 내가 집안일을 뭐라도 할라 치면 언니가 자기가 하겠다며 얼른 손에서 뭘 빼앗았다. 더욱이, 원룸에서 지내는 건 너무 무리라며 언니와 형부는 방 두 개짜리 집으로 이사를 계획했다. 내가 아니었다면 이사할 일이 전혀 없었을 텐데, 형부 이름으로 대출까지 받아야 했다.

나는 그때 막 내 우울증의 신세계를 열어준 '베로나의 약제사' 님께 가기 시작했을 때라 아직 용태가 좋지 않았다. 무슨 일이 일어나는지 마는지 모든 일이 마치 물속에서 움직이는 것처럼 감이 오지 않고 굼떴다. 모든 감각이 둔했다. 그래도 빨리 이 집에서 나가야 한다는 생각만은 또렷했다. 언제까지 이 부부가 살고 있는 집에 얹혀 살 수는 없는 노릇 아닌가. 하지만 내가 그런 이야기를 넌지시 꺼낼 때면 언니는 쌍지팡이를 들고 반대했다.

"작가님 어디 시집가려고? 안 돼! 절대 안 돼!"

언니의 괜한 걱정이었다. 30대 중반에 접어들게 되자 나는 언니의 우려대로 시집을 가기는커녕 남자 그림자도 못 보게 되었다. 내가 사교적이라서 교우 관계가 활발하거나 동호회 활동 같은 것을 하지도 않으니 남자 만날 기회 자체가 씨가 말랐다. 그렇다고 랜덤채팅이나 소개팅 어플 같은 것을 사용하기는 싫었다. 어차피 주로 남자는 젊은 여자를 찾고 여자는 몸만 '먹튀'하고 버리지 않을 단정한 남자를 찾느라 서로를 살피고 또 살피는 세렝게티 초원 같은 동물의 왕국이 펼쳐질 게 뻔했다. 그중에서 옥석을 가려내려면 얼마나 머리에 쥐가 날지 생각만 해도 끔찍했다. 내겐 그런 사냥에 참가할 만한 기력이 남아 있지 않았다.

이렇게 연애도 못하고 있는데 언니는 웬 내가 시집갈 걱정인지…. 그래도 영원히 이렇게 있을 수는 없으니까 시름에 잠겨서 구직 사이트를 종종 들여다봤는데, 언니는 무슨 취직을 하려고 그러냐, 일이 하고 싶으냐고 눈이 동그래져서 물었다. 아니다, 언제까지 이렇게 살 순 없지 않냐, 라고 했더니 언니는 왜 안 되냐고, 죽을 때까지 같이 살면 된다고 했다. 언니는 하고 싶지 않은 일은 하지 말라며 평생 우리랑 살면 되지 어딜 나가려 하냐고 했다.

언니는 나를 입양할 각오가 충천한 것 같았지만 조용하고 신중한 성격의 형부는 무슨 생각을 하는지 속마음이 영 보이지 않았다. 당연히 둘만 살고 싶겠지, 핏줄도 아닌 나를 데리고 살고 싶을 리가 없지 않나, 하고 나는 형부에게 늘 미안하고 민망했다. 하지만 나는 갈 곳도, 할 수 있는 일도 없었다. 그렇다고 어머니와 또 원룸에서 둘이 사는 건 절대로 싫었다.

나는 언니에게 그럼 나를 언제까지 먹여살려줄 거냐고 묻자 언니는 "영원히!"라고 외쳤다. 내가 그럼 그걸 문서화합시다, 우리 사촌언니가 남편이랑 같이 로펌을 하니까 공증을 받아오리다, 라고 하자 언니는 뭘 쓰면 되냐고 기세가 등등했다. 형부는 꼭 글로 써야 하냐며 자꾸 뒤로 뺐다. 그런 형부를 향해 좀처럼 목소리를 높이지 않는 언니가 외쳤다.

"오빠! 그러다 현진 작가 정말 시집가. 시집가면 안

돼! 시집가서 쓰고 싶은 글 쓰고 살겠어? 저런 캐릭터가 그렇게 살면서 가슴 펴고 살겠냐고?"

언니와 형부는 원래 맞벌이를 했지만, 언니가 건강 문제로 퇴직한 후에 형부는 이 집안에서 홀로 돈을 벌어왔다. 그러면서 때때로 내게 용돈까지 줬다. 내가 보기에는 돈 드는 일을 절대 하지 않는 것이 그들이 절약하고 살 수 있는 비결인 것 같았다. 언니는 화장은 물론 로션 바르는 것도 안 할 정도였고, 패션에도 관심이 없어 옷을 사지 않았다. 여자라면 기본적으로 하기 마련인 꾸밈노동을 정말 단 하나도 하지 않았다. 두 사람의 결혼기념일에 내가 기념사진을 찍어줄 때 간단한 메이크업을 해준 것이 언니의 거의 생애 첫 화장이었다고 하니, 어떤 면에서는 굉장한 여자였다.

형부 역시 나이가 어리게 보여서 별로 좋을 것 없는 직장에 다녔기 때문에 나이 들어 보이는 후줄근하고 편한 옷만 입고 다녔다. 여가 시간에도 어디 놀러 간다거나, 여행을 간다거나, 맛집을 찾아다닌다거나 그런 트렌디한 일들은 일절 하지 않았다. 가끔 맥주를 한두 병 사다가 중국집에서 음식을 주문해 한 잔 하면서 프로야구를 보는 정도가 이 부부가 누리는 여가의 전부였다.

언니는 벌써 성인의 후견인이 되려면 어떻게 해야 하는지 제도까지 알아본 다음이었다. 이런 무서운 여자. 그리고 종종 왜 한국에는 '시민 결합'이 안 되느냐며 한탄했다. 형부가 무겁게 입을 열었다. 드디어 뭔가 결심을 한 듯했다.

"처제, 그래요. 뭔지 몰라도 씁시다. 쓸게요. 뭐, 내가 나중에 벽에 똥칠하면 처제가 간호라도 해주겠지? 내가 신장 아프면 혹시 하나 떼줄지도 모르고…."

장기 이식을 위해 나를 키우고 있었나!? 물론 지금 나는 그런 일이 생긴다면 언제든지 증여할 의향이 있다. 사실 형부는 이날 처음으로 나를 '작가님'이 아니라 '처제'라고 불렀다. 그때 아마 형부는 내가 얘를 적어도 몇 십 년은 데리고 살아야 되나 보다 하고 체념한 것 같다. 그리고 두 사람은 내가 억지로 만든 서약서에 사인을 하고 내 립스틱을 엄지에 묻혀 지장을 찍었다. 그 각서의 내용은 다음과 같다(완전 철판 깐 내용이니 주의하시길).

형부 ○○○과 언니 ○○○은

김현진 작가의 작품활동과 생계를

기꺼이 김현진 작가가 생명을 다할 때까지 책임질 것을,

좋을 때나 슬플 때나 힘들 때나 평안할 때나 프로젝트를 따냈을 때나 못 땄을 때나

여동생처럼 후원하고 사랑할 것을 다짐합니다.

2017. 6. 25.

형부 ○○○ (사인 & 지장)

언니 ○○○ (사인 & 지장)

그렇게 기어코 각서를 받은 나는 글이 안 되거나 마음이 서글플 때 보려고 냉장고 위에 이 억지 각서를 붙여놓았다. 이런 억지라도 받아주는 사람들이 있다니 참 복도 많지, 하고 그 각서를 볼 때마다 스스로의 뻔뻔함에 감탄했다. 결혼한 것도 아니고 집안일을 하는 것도 아니고 말 그대로 잉여의 존재로 식량과 광열비만 축내는데도 종신토록 책임져주겠다니, 이것은 결혼보다 낫다. 훨씬 낫다.

 두 사람은 그렇게 온갖 정성을 다해 고장난 나를 돌봤다. 독자도 몇 없고 책도 못 팔며 유명하지도 않은 나를 늘 좋은 작가라고 말했고, 뭐가 먹고 싶네 어디에 가고 싶네 하면 그것을 이루어주기 위해 살뜰히 챙겨주었다. 그렇게 두 사람과 함께 지내면서 겨우 나는 상태가 호전되기 시작했다. 만약 나 혼자 지내고 있었다면 내가 아파 죽어도 누가 신경이나 쓴다고, 하며 계속 술이나 몸에 좋지 않은 것들을 먹으며 될 대로 살고 있었을지도 모른다. 하지만 나를 부모처럼 신경 써주는 두 사람이 있는데 건강을 방치하는 것은 너무나 미안한 일이라는 마음이 들어, 드디어 무거운 엉덩이를 떼어 운동을 나가기 시작했다. 맛있고 몸에 나쁜 것들도 싹 끊었다.

 그렇게 상태가 양호해지면서 지저분한 몰골에서 벗어나 하루에 한 번은 꼭 깨끗이 씻었고, 손끝도 까딱하지 않던 집안일도 주섬주섬 하기 시작했다. 설거지도 하고 빨래도 하고 널고 개고. 또 청소나 정리 같은 것도 생전 모르고 살다가 정돈하는 법도 배웠다. 그러면서 정신과 몸의 건강 모두 호전되어 최근 받아본 피검사에서는 어떠한 성인병의 징후도 전혀 찾아볼 수 없다는 결과가 나왔다. 이건 모두 저 동정심 많은 두 사람 덕분으로, 마치 〈욕망이라는 이름의 전차〉에 나오는 블랑슈의 대사라도 읊어야 할 것 같은 기분이다. "당신이 누구신지는 모르겠지만, 저는 늘 낯선 사람들의 친절에 의지해 살아왔어요."

지난 몇 년 동안 나를 살려둔 것은 이 부부의 친절이다. 앞의 글에서 '로또'라는 표현을 썼는데, 그 마음은 변함이 없다. 아마 앞으로도 그럴 것이다. 내가 일이 잘 되지 않아 벽에 머리를 쿵쿵 찧을 때마다 형부는 "걱정 말아요. 죽을 때까지 내가 먹여살릴 테니까" 하고 말해준다. 또 언니는 내가 신세진 것에 대해 마음에 부담을 느낄 때마다 "우린 가족이야"라고 말해준다. 이렇게 받기만 해서 어쩌냐고 민망해할 때마다 언니와 형부는 네가 모르는 사이에 우리에게 해준 게 있다며 내가 알 수 없는 이야기를 한다. 내가 알 수 있는 것은, 이제 우리는 가족이라는 것뿐이다.

세상에서 흔히 볼 수 있는 가족의 형태가 아니더라도, 피가 섞이지 않았더라도 가족이 될 수 있다고 나도 이제는 생각하게 되었다. 사람들이 가족에게 가장 많이 위로를 얻는 것은 냉엄한 세상 속에서 그나마 유일하게 나를 조건 없이 사랑하고 받아들여주는 집단이기 때문에 그런 게 아닐까 싶다. 그런 의미에서라면, 언니와 형부는 정말로 내겐 가족이다. 게다가 언니도 되고 형부도 되고, 오빠도 되고 새언니도 되고, 엄마도 되고 아빠도 되고, 온갖 가족의 역을 다 해준다면 너무 과장일까.

내가 세상에 호된 어퍼컷을 맞아 쓰러져 있는 동안 우리 가족은 언제까지라도 그렇게 할 태세로 나를 기다려주었다. 이 나이를 먹고도 여전히 자리를 잡지 못하고 부레옥잠처럼 둥둥 떠다니는 인생이지만, 이 빚을 꼭 일부라도 갚고 싶다. 부디 기다려주세요, 나의 사랑하는 채권자들이여.

P.S. 언니에게는 서로의 언어를 가르쳐주는 로버트라는 미국인 친구가 있는데, 푸근한 인상의 빵집 아저씨다. 간혹 언니와

셋이서 자리를 함께한 적이 있어 나와도 그럭저럭 친근한데, 그 이유 중 하나는 로버트가 나의 '브로큰 잉글리시'를 기가 막히게 잘 알아듣기 때문이다. 언젠가 언니가 독재 시절을 그리워하며 광화문을 꽉꽉 채우는 노인 부대를 이야기하며 답답해하자 로버트는 온후한 표정을 한 채 깊은 한숨을 쉬었다. "난 네가 어떤 기분인지 완전 이해돼. 나도 미국 남부에 사는 친척들이 있거든."

그러다가 어느 날 셋이서 막걸리를 마시다가 내가 로버트, 로버트, 나 결혼하고 싶어! 하고 외쳤더니 로버트는 특유의 푸근한 미소를 지으며 말했다. "You already did(넌 이미 결혼했잖아)." 나는 깜짝 놀라 물었다. "What are you talking about(무슨 소리야)?" 그러자 로버트는 다시 한 번 온화한 미소를 지으며 내 핸드폰 바탕화면에 있는 언니, 오빠, 그리고 내가 함께 찍은 사진을 가리켰다. "You married a married couple(넌 저 부부랑 결혼했잖아)."

그렇구나. 로버트 말이 다 맞다. 지쳐서 기운이 떨어질라치면 나는 언제나 로버트의 그 말을 생각한다. You married a married couple. 나는 아내도 있고 남편도 있으니 복이 터졌지 뭐람. 힘내자! I married a married couple!

니드 포 스피드

아시는 분들은 이미 다 아시겠지만, 나는 웬만한 포크레인 못지않게 삽질을 많이 한다. 물론 생각이 짧고 어리석기 때문이다. 그중에서도 세 손가락에 꼽힐 만한 삽질이 있는데, 그것은 제주도에 배를 타고 가려 한 것이었다.

10년 전쯤 제주여성민우회의 초청을 받아 강연을 하게 되었는데, 당시에는 지금처럼 저가항공이 보편화되어 있지 않아서 제주행 비행기표는 내 얇은 월급봉투가 감당하기에는 다소 힘에 겨웠다. 머리를 요모조모 굴려보다가 목포까지 고속버스를 타고 가면 그곳에서 제주행 배를 탈 수 있다는 사실을 알게 되었다. 물론 비행기에 댈 바 없이 시간이 오래 걸리는 여정이었지만 바로 그것, 시간만은 내가 충분히 가지고 있는 몇 안 되는 것이었으므로 나는 기꺼이 목포로 가는 고속버스를 탔다. 그리고 처음 타보는 배에서 탈이 나지 않기 위해 멀미약을 꼼꼼히 복용하고 끝없이 이어지는 바다를 바라보았다.

그런데 더 큰 문제는 내가 진짜배기 '도시 촌년'이라는 것이었다. 제주도를 와본 적이 없으니 도대체 어디에서 내려야 할지 알 수가 없었다. 배 안에서는 배가 멈출 때마다 버스처럼 안내방송을 해주지도 않았고, 언제 제주도에 닿을지 어림잡기 위해 신경을 잔뜩 곤두세우는 수밖에 없었다. 그렇게 눈에 불을 켜고 바다를 노려보고 있는데 웬 아름다운 섬이 나타났고, 사람들이 내리기 시작했다. 제주도 한 번 못 가본 원단 '도시 촌년'인 나는 그 조그마한 섬을 제주도라고 믿어 의심치 않았으므로 보무도 당당하게 배에서 내렸다.

나중에 알게 된 제주도라는 곳은 그 섬과는 비교도 안 되게 커다랗고 번화했다. 그러나 그곳이 제주도라고 철석같이 믿은 나는 지나가는 할머니 한 분을 붙들고 다급하게 물었다. "여기 시청이 어디 있어요?" 할머니는 잠시 나를 뜯어보았는데, 그건 분명 애가 뭔가 모자란 애가 아닌가, 하는 그런 시선이었다. 그러더니 할머니는 대답했다. "시청? 여긴 동사무소밖에 없는디." 아니, 이게 어떻게 된 일이란 말인가. 나는 얼간이 같은 표정을 하고 할머니에게 간절히 물었다. "여기… 제주도 아니에요?" 할머니 역시 이런 얼간이는 처음 본다는 표정으로 대답했다. "여기는, 제주도가 아니고 추자도여!"

훗날 추자도가 낚시하는 사람들이 즐겨 찾는 아담하고 아름다운 섬이라는 사실을 알게 됐지만, 그 자그마한 섬을 보고 제주도라고 믿어 의심치 않은 나의 무지를 제주도민들에게 무릎 꿇고 사죄라도 하고 싶은 심정이었다. 그러나 무릎을 꿇기 전에 나는 가야만 하는 곳이 있었다. 여성민우회 분들이 기다리고 있을 테고, 나는 제주도에 가야만 했다. 발을 동동 구르고 있는데 할머니는 심상한 태도로 나를 절망시키기에 충분한 말을 던졌다. "방금 떠난 게 마지막 배여. 오늘은 더 이상 나가는 배가 없어."

이걸 어쩌면 좋단 말인가. 그냥 남들처럼 비행기를 타고 올길. 그러나 후회하기에는 너무 늦었고, 나는 얼굴이 새하얗게 질려 헤엄쳐서 갈 순 없겠지, 하고 망망대해를 바라보았다. 내가 여전히 발을 동동 구르고 있을 때, 작은 트럭에 그물을 잔뜩 실은 중년 남성 한 분이 나에게 무슨 일이냐고 물었다. 나는 그냥 섬이면 제주도인 줄 알고 여기에 내려버렸다고 부끄러움을 꽉 누른 채 털어놓았다. 그 말을 들은 아저씨는 신속하게 트럭 시동을 걸었다. "어서 타라고. 저쪽 항구에는 제주도로 가는 어선이 있을 수도 있어. 지금 거의 떠나는 시간이 됐는데, 잘하면 그 어선을 잡아 탈 수 있을 거야."

아저씨는 항구에 가기 위한 지름길을 자기 손바닥 보듯 안다며 꼬불꼬불한 산길을 마치 F1 드라이버처럼 질주하기 시작했다. 급제동과 전진, 급커브를 반복하는 트럭 안에서 토하지 않으려고 정신줄을 힘껏 붙잡던 나는 트럭 앞 글러브박스에 붙어 있는 가족사진에 시선이 갔다. 초등학생과 중학생쯤 되어 보이는 아이들이 활짝 웃고 있었고, 아내로 보이는 여성과 아저씨가 함께 찍은 사진도 여러 장 있었다. 아저씨는 언뜻 거칠게 보이는 트럭을 아기자기하게 꾸미고 있었다. 바다 사나이는 아무 말

없이 〈니드 포 스피드〉 같은 컴퓨터 레이싱 게임을 현실로 구현한 것처럼 한껏 속도를 낸 험한 길을 돌파했다. 나는 바다 사나이의 무게 있는 침묵에 감탄하여 나도 마도로스의 아내가 되면 어떨까, 하는 망상에 빠지기 시작했다. 하지만 이 바다 사나이에게는 그림으로 그린 듯 행복한 가정이 이미 있으니 불륜과 막장의 일일드라마를 찍는 일이 없도록 얌전히 조수석에 앉아 있었다.

불꽃같은 질주 끝에 트럭은 항구에 도착했고, 어선이 정박해 있는 것이 보였다. 바다 사나이는 만족스럽게 웃으며 오늘의 마지막 배 시간에 맞출 수 있었다고, 어서 달려가서 타라고 일렀다. 제주여성민우회를 볼 면목도 없이 추자도에 묶일 뻔한 나를 구해준 바다 사나이는 그 순간 그야말로 구세주 같은 존재였다. 내가 탑승해본 탈것 중 가장 거칠게 돌진한 그 트럭에서 내리기 전에 나는 너무나 고마운 마음으로 꼬깃꼬깃 접힌 몇 만 원을 바다 사나이에게 내밀며 수줍게 말했다.

"오늘 너무 감사해서…. 담뱃값으로라도 써주세요…."

바다 사나이는 갑자기 매우 엄격한 표정을 짓더니 내

손을 밀어냈다. 그리고 무게 있게 말했다.

"그런 걸 바라고 한 일이 아니야! 그저 우리 추자도를 오래 기억해줘."

기억하고말고요. 제가 어떻게 잊을 수가 있겠습니까.

*

나는 간신히 강연 시작 시간에 맞출 수가 있었고, 이후로 추자도를 방문할 일은 없었지만 추자도라는 이름을 들으면 늘 그 무게 있던 바다 사나이를 떠올렸다. 이거야말로 남자다움이 아닌가! 글러브박스에 그토록 많은 가족사진이 붙어 있지 않았더라면 나는 그 트럭에서 내리지 않았을지도 모른다.

그 후 〈킹스맨〉이라는 영화를 보았을 때, "매너가 사람을 만든다"라는 대사에 다시 몇 년 전의 바다 사나이를 떠올렸다. 물론 그는 일반적으로 신사답다고 여겨지는 매너를 갖추거나 세련된 몸가짐을 갖춘 건 아니었지만, 어려움에 처한 여성을 돕기 위해 꼬불꼬불한 길을 레이서 같은 태도로 달려주었다. 그리고 조금이라도 보답을 하려는 손을 뿌리치며 자신이 원하는 것은 내가 추자도를 오래 기억해주는 것뿐이라고 말했다. 매너가 사람을 만든다는 것은 이런 게 아닐까. 신사복을 입지 않고 해진 점퍼에 그물을 잔뜩 실은 트럭을 몰고 있어도, 그 바다 사나이야말로 진짜 신사였다는 생각이 새삼 든다.

그는 지금 어떻게 살고 있을까. 그의 당부대로 나는 늘 추자도를 기억하게 되었다. 내가 진짜 신사를 만난 곳. 언젠가는 그 작고 아름다운 섬을 다시 한 번 방문해 바다 사나이에게 감사의 인사를 제대로 하고 싶다. 그때, 정말로 정말로 감사했습니다. 매너가 넘쳤던 추자도의 보물, 바다 사나이와 그의 온 가족이 늘 행복하고 편안하기를!

그 사람에게 잘해주세요

나는 유독 정에 잘 휩쓸리고, 종종 정신을 차려보면 생전 처음 보는 사람의 넋두리를 한창 듣고 있었던 때도 적잖다. 휩쓸리지 말아야지, 하면서도 번번이 사연 있는 사람들의 이야기에 홀랑 넘어가고 만다. 다행히 돈을 꿔주거나 한 적은 많지 않고(없지는 않다!), 대부분 손해라고 입어봤자 술 사준 정도뿐이다. 그러니 아직은 사연 있는 사람들이 마음을 털어놓을 때 그저 들어주는 것도 공양이다 싶어 좋은 청자가 되려고 애쓰곤 한다.

불꽃같은 연애쟁이였던 20대 때 내가 섭렵했던 남자들의 명단에는 전과자가 두 명이나 있었는데(잠깐, 너무 놀라진 마시길), 그들은 '항명죄'와 '집총거부죄'로 교도소에 다녀온 이들이었다. 그러니까 군대를 거부하고 감옥에 간 것인데, 그들이 열렬한 사회운동가였다거나 하면 내가 어쩐지 으쓱했을지도 모르지만 그들은 그냥 '여호와의 증인'이었다. 여호와의 증인은 혼전순결을 중시해서 일찍들 결혼하고, 진정한 신자로 인정받으려면 군대를 가지 않고 감옥살이를 완수해야만 '성골'의 길로 진입한다. 그런데 내가 만났던 남자들은 기껏 실컷 옥살이를 하고 감방에서 돌아온 후 하나같이 신앙을 버렸다. 뭐랄까, 가장 창창한 인생의 몇 년을 그야말로 쓰레기통에 내버린 격이었다. 언제나 조금 못나고 뒤떨어지고 손해 보는 사람들에게 끌리는 내가 그들을 사랑한 것은 당연한 일이었는지도 모른다.

마이너한 종교를 믿는 이들에게는 언제나 특유의 괴상하게 맑은 분위기가 있다. 해를 당할지언정 남에게 절대 해를 끼치지 못하는, 알몸으로 쪼인트를 까일지언정 총을 잡지 않는 유순한 눈망울의 남자들. 둘 중의 '항명'은 2000년대 초반, 아직 죄수의 인권과 특히 군대 거부자에 대한 인권이 바닥이던 시절에 투옥되어서 옥고를 더욱 모질게 겪었다. 육군교도소의 독방에서 하루 종일 입을 옷도 빼앗긴 채 나체로 얼차려를 하며 발로 걷어차인 게 한 달은 된다고 했다. '집총거부'는 죄상의 이름도 바뀌었듯이 군복무를 거부하는 이들에 대한 사회적 인식이 어느 정도 개선된 다음에 투옥되었으므로 '항명'보다는 옥살이가 수월했던 것 같다. 하지만 그래도 청춘을 감옥이란 공간에서 썩히는 것은 덜 힘들고 더 힘들고를 떠나 일단 썩고 있는 것이기 때문에, 그 자체로 괴로웠을 것이다.

얼굴도 어느 정도 되고 노래를 잘 불렀던 '집총거부'는 유명 기획사의 연습생 오디션에 합격했지만 감방을 가야 했기 때문에 그 기회를 놓쳐버렸다. 돌아오고 나서는 연습생이 되기엔 너무 나이가 많아졌다. 고졸 학력으로 그가 가질 수 있었던 직업은 고작해야 텔레마케팅 같은 업무가 최선이었다. 돈은 돈대로 벌지도 못하고 마음고생은 있는 대로 하는 그를 나는 결국 내가 다니던 회사의 CS팀에 꽂아주었다. 그러고 나서 헤어졌다. 내 할 일은 다한 것 같은 기분이 들었기 때문이었다.

하루는 야근을 마치고 택시를 타고 집으로 돌아가다

'항명'과 한참 통화를 하던 중이었다. 그때 그의 옥살이는 우리 사이에 자주 농담거리로 소비되었다. 지금은 많이 잊어버렸지만 '직원 이발'을 '직리'라고 하는 등 그에게서 여러 가지 교도소 은어를 배웠다. 나중에 만난 '집총거부'는 내가 하도 그런 말을 많이 알고 있으니 당연히 전과자라고 생각하고 골똘히 고민했다고 한다. 간통일까, 사기일까? 사기일까, 간통일까?(여성 재소자의 90퍼센트는 이 두 가지 죄목으로 감옥에 있다고 한다.) '항명'은 어딜 가나 여사동은 남사동보다 훨씬 규모가 작다고 했다. "남녀차별 아냐?" 하고 갑자기 흥분한 나에게 '항명'은 차분하게 말했다. "여자들은 죄를 안 짓잖아."

그렇게 한참 농담을 마치고 전화를 끊는데 룸미러로 택시 기사님이 나를 힐끗힐끗 쳐다보는 시선이 느껴졌다. 기사님은 조심스럽게 입을 열었다.

"손님, 아까 학교… 이야기하시던데?"

나는 어리둥절했다.

"예? 학교? 무슨 학교요? 학교 얘기 안 했는데요?"

그는 침을 꿀꺽 삼키더니 다시 말했다.

"저기… 큰집…."

아! 교도소 얘기구나! 나는 흠칫 놀랐다. 기사님은 무심하게 운전을 계속하며 말했다.

"저도 나온 지 몇 년 안 됩니다. 친구 분이 큰집 갔었나 봐요?"

"아, 예. 여호와의 증인."

"아, 걔들은 천사죠. 법 없이도 살아요. 간수들이 장부 정리까지 다 시킨다니까요. 저는 10년 정도 살았습니다."

10년이라니, 순간 오싹했다. 꽤나 긴 수형 기간이다. 혹시 강력범죄를 저질렀던 건 아닐까? 신분 조회 같은 것이 필요 없는 택시 운전에 전과자들이 많다는 소문이 있던데 나 혹시 오늘 잘못 걸린 거 아닐까? 나는 순간 바짝 쫄았다. 그렇게 냄비 바닥에 들러붙는 라면 면발 같은 나의 긴장을 느꼈는지 기사님은 핸들을 꺾으며 말했다.

"전, 경제사범이에요."

나는 엉거주춤 고개를 끄덕였다.

"원래 공무원이었어요. 그런데 집안 형편이 너무 어려웠어요. 형제들이 사업을 하다가 잘못됐거든요. 그래서 한 번만 도와달라고, 한 번만 도와달라고 그러는 게 점점 일이 커져서… 공금에 손대고, 이게 마지막이라고 몇 번씩이나 이야기를 했는데 끝이 안 나더라고요."

그는 공금에도 손을 댔고, 납품업자들에게 약간의 리베이트도 받아 그것을 사업이 망한 형제들에게 건넸던 모양이었다. 하지만 꼬리가 길면 밟히는 법. 꼬리를 밟힌 그는 실형을 살게 되었다.

"그렇게 전화를 불이 나게 해대던 형제들이 큰집 다녀오니까 싹 연락이 없더군요. 아들이 하나 있어요. 그런데… 본 지가 정말 오래됐어요. 아내가 옥중에 이혼 서류를 보냈더군요. 제가 뭐라고 거기에 반대를 하겠습니까. 그냥 하라는 대로 다 사인해줬어요. 나와서도 아들은 만나고 싶은데 연락은 안 되더군요. 출소하고 나서, 완전히 혼자더라고요. 그렇게 저한테서 돈 받아간 형제들은 지금 싹 다 저 모른 척해요. 아내하고 아들하고는 연락도 안 되고…. 그냥 이렇게 하루 종일 택시 운전하고, 집에 가면 맥주 한 캔 마시고 멍하니 텔레비전 보다가 잠들고, 다음 날 또 운전해요. 그냥 이게 계속 반복되는 거죠. 뭐,

어쩌겠어요. 운명이려니 하는 거죠."

그가 짧은 한숨을 쉬었을 때, 내가 내려야 할 곳에 도착했다. 택시 요금을 건네자 기사님은 쓸쓸하게 말했다.

"남자친구한테 잘해주세요. 굉장히 힘들었을 거예요."

네에, 하고 고개를 꾸벅 숙여 인사를 하고 택시 문을 닫았다. 택시는 사라졌다.

그 후 나는 '항명'에게도, '집총거부'에게도 택시 기사님이 당부한 대로 그다지 잘해주지 못했다. 20대에 내내 그랬듯, 나를 사랑한다는 이유로 약자가 된 사람들에게 함부로 굴었다. 나 역시 아무나 사랑했고, 아무에게나 상처 받았다.

하지만 내가 안부가 궁금한 것은 '항명'도, '집총거부'도 아니다. 그날 밤 가로등 사이로 사라진 큰집 다녀온 아저씨는 지금 잘살고 있을까? 여전히 매일 맥주를 한 캔 마시고 티브이를 보다 잠이 들고 다음 날 운전을 나갈까? 그를 이용해먹은 형제들은 뉘우쳤을까? 아들을 다시 만났을까? 나와 아무 상관이 없는 사람인데도, 가끔 그의 안부가 궁금하다.

자기만의 방

언제부터인가 우리에게는 '집'이 없다. 그저 '방'만 있을 뿐이다. 그나마 30대 후반의 내 또래들은 대다수가 결혼하면서 부모님의 도움과 대출을 얻어 집을 마련하긴 하지만, 20대에서 30대 초반의 청년들에게는 집이 없다. 그들이 '집'이라고 부를 때의 집은 그저 먹고사는 공간에 대해 붙일 별다른 말이 없어서 집이라고 부를 뿐, 특히 서울에서 집이라고 불릴 수 있는 자격을 갖추려면 단순한 거주지가 아닌 거래와 자산증식의 도구가 될 수 있어야만 한다. 투자의 능력을 가진 자들에게만 문을 열어주는 그곳은 '집'이라기보다는 '팰리스'고 '캐슬'이다.

궁전과 성에 들어갈 수 없는 이들, 특히 청춘들에게 허용되는 것은 고작 '방'인데, 그것도 따뜻하게 보일러 틀어놓고 아랫목에서 노곤하게 잠에 빠져들 만큼 푹 쉴 수 있는 곳이 아니다. 불법증축을 밥 먹듯 하는 원룸이나 고시원 건물을 보자면, 지친 몸을 짐짝처럼 부려놓았다가 하드보드지처럼 얇은 벽 너머로 아침마다 윗방 사람이 맞춰놓은 핸드폰 진동 알람 소리에 잠이 깨기 일쑤다. 윗집이나 아랫집 사람에게 카톡이 온 것까지 알 수 있는 이런 방은, 방이라기보다 합판으로 적당히 구획을 나눈 축사를 연상케 한다.

집이 사라질수록 적지 않은 돈을 내고 잠시 머물렀다 가는 '방'들은 늘어난다. 사랑을 나누고 싶지만 온 밤을 함께 보낼 돈이 없는 커플은 모텔에 가서 '대실'을 하고(몰카가 찍힐 위험이 높아서 이것은 모험이다), 원하는 노래만 간결하게 부르고 가볍게 나가는 코인노래방, 그 외에도 인형 뽑기방, 멀티방, 디브이디방, 찜질방, 골프방, 피시방, 안마방, 키스방 같은 수많은 방들이 왔다 가라고 부른다. 잠시 이 방을 빌릴 수는 있지만 소유할 수는 없다.

웬만한 전셋집을 구하려면 원룸이라도 '억' 소리가 쉽게 나오고, 일자리 구하기도 고단해진 데다 물려줄 재산도 없는 부모 슬하의 자식이라면 집이든 방이든 제 몸 눕힐 공간 갖기가 힘겹다. 방을 많이 소유한 집주인들은 방값으로 월세는 5, 60만 원이라며 무슨 동네 강아지 이름처럼 그 돈을 우습게 말한다. 사실 그 돈은 서울에서는 기본이고, 그 정도 금액으로 좋은 방을 구할 수 있는 것도 아니다.

부동산 직거래 카페에는 간혹 '잠만 잘 분'을 모집하는 글이 올라온다. 옛날 벼룩시장이나 교차로 같은 직거래 정보지가 종이로 나오던 시절에도 '잠만 잘 분'을 구하는 게시물은 끊임없이 올라왔다. 나는 그 '잠만 잘 분'들의 행동 반경이 어디까지 허용되는지 몹시 궁금하다. 집에 들어오자마자 인터넷, 핸드폰도 하지 않고 그저 자야 하는 것일까? 다른 일을 하면 안 되고 잠만 자야 합격인 것일까? 밥은 해 먹어도 되나? 화장실엔 갈 수 있는 건가? 잠이 안 오는 날에는 좀 오래 깨어 있어도 되나? 누군가의 신경에 거슬리지 않게 잠만 자다 나간다면, 그 방은 뱀파이어가 낮 시간에 몸을 눕히는 관과 다를 바가 무엇일까? 그 '잠'에 대가를 받겠다는 사람들이 나는 언제나 무서웠다.

몇 년 전 고시원과 원룸이 다닥다닥 붙어 있는 골목을 지나가다 대형쓰레기 스티커가 붙어 있는 세간을 보았다. 낡은 주방 수납장의 겉면에 서툰 솜씨로 꽃무늬 시트지를 붙여 조금이라도 예쁘게 꾸며보려고 노력한 흔적이 역력했지만, 시트지는 비뚤비뚤해서 오히려 애처로워 보였다. 한 짝이 달아난 리본 귀고리가 주인을 못 따라가고 서랍 속에 혼자 누워 있었다. 그 세간을 찬찬히 살펴보던 나는 코르크 메모판에 아직 앳될 것 같은 여성의 필체로 또박또박 눌러 쓴 글씨에서 한동안 눈을 떼지 못했다.

술 먹지 않기
돈 아껴 쓰기
저금 꼬박꼬박
이뻐지기
엄마랑 빨리 같이 살기

이 여성은 저 목표를 다 이루어 메모판을 미련 없이

버리고 갔을까? 8376은 뭘까? 집 비밀번호였을까? 여성은 예뻐진 얼굴에 토닥토닥 메이크업을 할 수 있는 아담한 화장대를 마련하고, 구차하게 시트지를 바른 가구는 버리고 간 걸까? 대부분의 집주인이 "보증금 조절 불가"라고 처음부터 엄포를 놓고 월세가 최저 45만 원부터 시작하는 이 동네에서 저 여성은 과연 저금에 성공했을까?

나는 간절히 바란다. 그녀가 부디 술 끊고 돈 아껴서 저금한 돈으로 이제는 엄마와 살게 되어 이 찌그러진 가구를 버리고 떠났기를. 그리하여 '방'이 아닌 '집'에서 새 생활을 시작했기를. 그 예쁜 집에 살면서 예뻐졌기를. 그리고, 지친 청춘 모두에게도 다들 머리 누일 곳이 있기를.

나가는 말

"당신이 누구신지는 모르겠지만, 저는 늘 낯선 사람들의 친절에 의지해 살아왔어요." 본문에서도 이야기했던 영화 〈욕망이라는 이름의 전차〉의 여주인공 블랑슈 뒤부아의 대사다. 나야말로 지금까지 낯모르는 독자 여러분의 관대한 마음에 의지하여 살아왔다.

이 책은 2019년 6월부터 시작한 에세이 매거진 〈살려줘요 김현진〉에 실린 글 중 몇을 뽑아 묶은 것이다. 기꺼이 구독하여 응원해주신 독자 분들이 아니었다면 세상에 나올 수 없었을 책이다. 오랜 기간 책을 내고 또 내면서 작가로서 누릴 수 있는 최고의 복락福樂은 좋은 독자를 갖는 것임을 알게 되었다. 감사하게도 그간 나는 늘 이 행운을 누려왔고, 이번에는 각별히 나를 살려주신 독자 여러분 덕에 살아갈 힘을 얻었다. 또한 책으로 엮기까지 할 수 있었으니, 그저 독자 분들께 감사할 따름이다.

게다가 이번에는 작가에게 주어질 수 있는 최상의 선물을 또 하나 받았는데, 그것은 빼어난 에디터를 만난 것이다. 의외로 이것은 받기가 어려운 선물이라서, 그간 많은 책을 썼어도 이 선물은 몇 번 받아보지 못했다. 거칠고 얼기설기 날것인 글들을 묶고 정돈하여 정성껏 꾸며준 프시케의숲 에디터에게 깊은 친애의 마음을 보낸다. 그리고 어렵게 부탁드린 추천사를 승낙해주신, 세상에서 가장 다정한 번역을 하시는 노지양 선생님과, 외모와 지성을 모두 갖춘 하지현 선생님께도 감사를 드리고 싶다. 또한 트위터에서 늘 응원해주신 분들께도 감사 인사를 전한다.

하지만 가장 고맙고 고마운 분은 이 책을 사서 손에 들어주신 바로 당신이다. 특히 요즘처럼 어려운 시기에, 책값이 만만하지도 않은 때에 수많은 책 중 굳이 이 책을 골라주신 당신을 조금이라도 웃게 해드릴 수 있다면, 당신의 마음이 시릴 때 아주 조금의 위로라도 드릴 수 있다면, 미소를 지으며 책을 덮을 수 있게 해드릴 수 있다면 나로서는 더 바랄 것이 없겠다.

2020년 11월

김현진

추천사

　만일 빨간머리 앤이 크리스마스 선물을 주지 않으려 산타클로스 같은 건 없다고 선언한 경상도 출신 목사 딸로 태어난다면 김현진 작가같이 자라나지 않았을까? 어떻게 저런 일을 겪었을까 싶게 가난과 구타 속에 자랐고, 어른이 된 다음에도 힘든 일의 연속이었다. 그럼에도 김현진 작가는 유머와 낙관을 잃지 않는다. 억울하고 황당한 일을 겪거나 불합리한 일에 화가 폭발할 상황에도 시무룩해하며 받아들이거나, 특유의 궁시렁거림만은 놓치지 않는다. 미주알고주알 세밀하게 궁시렁거리고 불평은 하되 그녀를 힘들게 한 사람들에게 저주를 퍼붓거나 운명을 한탄하지 않는다. 깊은 우울의 늪에 빠진다 해도 좋은 관계를 만난다면, 유머와 낙관과 궁시렁거림을 놓치지만 않는다면 세상은 살아갈 만한 곳이 된다는 걸 깨닫게 해준다. KTX를 타고 읽었다.

마스크 안에서 낄낄거리는 웃음이 솟아올라 주변에 민망할 정도였다. 웃을 일 별로 없는 시절에 뜻밖의 선물이 될 책이다.

_**하지현** (정신건강의학과 전문의, 《고민이 고민입니다》 저자)

어쩌면 이런 작가가 있지? 도서관 검색창에서 '김현진'을 검색한 다음 비치된 책을 몽땅 빌리고 없는 책은 구입했다. 미안하지만 다른 사람의 불운과 일탈과 벌건 상처와 짠 눈물이 단비처럼 절실했던 시절이었다. 또 하나 내가 매료된 건 신랄하면서도 지적이고 대담하면서 섬세한, 그녀의 유창하고 탄력적인 한국어 문장이었다. 김현진의 모든 칼럼과 단행본을 빠짐없이 읽어온 골수팬으로서, 이 책은 작가 특유의 유머와 해학이 여전하지만 이전 책들과는 시선이 달라졌음을 느낀다. 자신과 적당한 거리를 두고 감정을 자제하면서 좌절과 회복의 여정을 더욱 정직하고 정확하게 묘사하려 안간힘을 쓴다. 그래야 일어날 수 있으니까. 세상 곳곳의 슬픔이 눈에 밟히고 사는 건 여전히 고단하지만 내일은 1미터라도 더 나아가길, 나를 조금만 더 사랑하길 간절히 바라는 독자라면 김현진의 글이 고마울 수밖에 없다.

_**노지양** (번역가, 《먹고사는 게 전부가 아닌 날도 있어서》 저자)

내가 죽고 싶다고 하자
삶이 농담을 시작했다

1판 1쇄 펴냄 2020년 12월 1일
1판 4쇄 펴냄 2022년 9월 26일

지은이   김현진
편 집   성기승 안민재
디자인   룩앳미
표지그림   슬로우어스
제 작   세걸음
인쇄·제책   상지사

펴낸곳   프시케의숲
펴낸이   성기승
출판등록   2017년 4월 5일 제406-2017-000043호
주 소   (우)10885, 경기도 파주시 책향기로 371, 상가 204호
전 화   070-7574-3736
팩 스   0303-3444-3736
이메일   pfbooks@pfbooks.co.kr
SNS   @PsycheForest

ISBN   979-11-89336-30-1   03810

이 책의 내용을 이용하려면 반드시 저작권자와
도서출판 프시케의숲에 동의를 받아야 합니다.

이 도서의 국립중앙도서관 출판시도서목록CIP은
서지정보유통지원시스템 홈페이지 http://seoji.nl.go.kr와
국가자료공동목록시스템 http://www.nl.go.kr/kolisnet에서 이용하실 수 있습니다.
CIP제어번호: 2020045637

이 도서는 '2020 경기도 우수출판물 제작지원' 선정작입니다.